# 「テロとの戦い」を疑え

## 紛争地からの最新情報

西谷文和

かもがわ出版

モスル奪還作戦でゴーストタウン化した街に立つ著者（イラク・ルワラ　2016 年 12 月）

たった今、IS 支配地域から逃げてきた人々。みんなヒゲを生やしている
（イラク・マハムール　2016 年 12 月）

シリア難民のための小学校で。お父さん、お母さんを失った人は？という質問に、バラバラと手が上がった
（トルコ・レイハンリ　2016 年 2 月）

援助物資は無事に届いた。しかし戦闘は続いている（シリア・アレッポ　2016 年 2 月）

2年前に地雷を踏んだ。現地の病院で切断手術を受けたが、治療はここまで。
今からドイツに飛ぶが、歩けるようになるだろうか
（アフガニスタン・カブール　2014年8月）

兵庫県の中学生から贈られた草木染めハンカチに喜ぶ子どもたち
（イラク・アラバット避難民キャンプ　2016 年 12 月）

# まえがき

Ｎｏｔ　Ｍｙ　Ｐｒｅｓｉｄｅｎｔ（私の大統領ではない）。２０１７年1月20日、トランプ氏が第45代アメリカ大統領に就任したその日、全米各地で大規模な抗議集会が開催された。日本では多くの「有識者」たちが、「過激発言は選挙用だ。大統領になれば穏健な政策に転じるだろう」と希望的観測を語っていた。

現実は違った。

「メキシコ国境に壁」は実行されるし、イラクやシリア、ソマリアなど「イスラム圏7ヶ国の入国禁止」という大統領令を発して、移民や難民たちを空港から本国へ送り返すという暴力的排除に出た。

私も空港から強制送還されたことがあって（苦笑）、その怒りや悔しさはよくわかる。しかし直接的な怒りの表現だけでは、トランプ支持者に届かないのでは？

抗議集会の中にこんなプラカードを見つけた。

Ｙｏｕｒ　３　Ｗｉｖｅｓ　Ａｒｅ　Ｉｍｍｉｇｒａｎｔ（あんたの3人の嫁はんも移民やろ）

これは素敵だ。正確には現在の妻メラニヤさんはスロベニア出身で、最初の妻イバンナさんはチェコスロバキア出身なので、「移民妻」は2人だと思うが、これだとトランプ支持者もクスッと笑ってくれるかもしれない。

Ｌｏｖｅ　Ｔｒｕｍｐｓ　Ｈａｔｅ（愛は憎しみに打ち勝つ）

TRUMという単語には「(切り札を出して) 相手に勝利する」という意味もある。この標語はあっという間に全米に広がった。

そう、この社会はまだまだ捨てたものではない。暴言を繰り返されて権力を乱用されても、あきらめずしなやかに、笑いで抗議する人々がいる。

2017年1月、貧困撲滅に取り組むNGO「オックスファム」が興味深いデータを発表した。わずか8名の億万長者と、貧困層の下から数えて36億人分、つまり世界人口の半分が持つ資産とが同じになった、というのだ。

8名の中にはビルゲイツ(マイクロソフト経営者)やウォーレン・バフェット(著名な投資家)などアメリカ人がズラリ。8人=36億人。1%対99%。格差はもう「犯罪レベル」にまで達している。

ヒラリー・クリントン候補の敗因は「彼女こそ1%の側にいる」ことがバレてしまったからだ。ワシントンポスト紙やウィキリークスなどが「クリントン夫妻は、ウォール街(億万長者たち)が主催する講演会に呼ばれ11年間で約90億円、一回あたり3000万円を超える講演料を受け取っていた」と報じたのだ。

候補者としてふさわしいのはバーニー・サンダース氏だった。

「99%の真の代表者はサンダースだ。彼は大学の授業料を無料にすると約束しているぞ」「サンダースの演説を聞いたら、もうヒラリーには戻れない」という声が全米に広がっていった。

もし民主党の予備選挙でサンダース候補が勝っていたら? おそらく本選でもサンダース候補が勝利しただろう。5大湖周辺のラストベルト(さびついた地域)の労働者は「トランプは嫌だが、ヒラリーも嫌」と選挙に行かなかった。その結果ウィスコンシン、ミシガン、ペンシルバニアなど、本来は民主党の強いところで共和党のトランプ候補が勝利した。もし候補者がサンダース氏なら労働者は選挙に行って彼に投票しただろう。アメリカの大統領選挙は、勝者が選挙人を総取りにする。つまりこれらの州で勝敗が入れ替われば「サンダース大統領誕生」という、今とは正反対の結果になっていた。

「トランプ大統領で戦争が拡大し、日本はさらにむしり取られるでしょう。もう絶望しかありません」という声をよく聞く。しかし悲観することはない。アメリカの人々は「かなりいいところ」まで1%側を追い詰めたのだ。

わが日本はどうか?

安倍首相は尻尾を振ってトランプ大統領に会いに行く。仲良くゴルフをしてもらう代わりにアメリカのインフラ整備には日本の年金を、米軍には思いやり予算を差し出し、沖縄の基地建設を強行する。そんなトランプ大統領と安倍首相が並ぶ姿を見ていると、確かに絶望したくなる気持ちもわかる。

しかし、アメリカではサンダース現象が起きた。日本でも2015年夏、シールズの若者たちや子育て中のママさんたちが国会前で「戦争するな」「アベはやめろ!」と叫んでいた。若者やママさんたちはこれまで「政治に無関心」と言われてきた層である。そんな人々が立ち上がり約12万人が国会を包囲したのだ。

そう、日本も捨てたものではない。マスコミが「安倍チャンネル」になり、こうした市井の人々の抵抗運動を報道しないから、安倍政権は安泰に見えてしまう。しかし現実は違う。アベノミクスで潤ったのは富裕層だけ、「なんで今さらカジノやんの?」「えっ? 安倍晋三記念小学校って?」。そんな中、トランプ大統領が要求を突きつける。米国製の武器を買え！　米軍基地の駐留経費を増やせ！　そんな要求を安倍首相が丸呑みしていけば…。

日本でも抵抗運動が起きる。いや、すでに起きている。毎週末、全国各地で様々な集会や抗議デモが開催されている。メディアが報道しないからまだご存知でない人が多いとは思うが。

政府は「忘れてほしい」と思っている。福島の原発事故のこと、米軍属が沖縄で女性を強姦して殺害したこと、オスプレイが墜落したこと、閣僚たちが白紙の領収証を交換していたこと…。テレビは芸能界のスキャンダルや東京オリンピックなど「別のニュース」を繰り返えしている…。

政府は「あきらめてほしい」と考えている。一人しか当選しない小選挙区制。自公が組めば強大だ。忙しい毎日、俺一人が選挙に行ってもどうせ何も変わらない…。投票率が低くなれば、組織ある者が勝つ。国民が無関心なまま、あきらめたままの状態にしておきたいのだ。

大事なことは、「忘れない」こと、「あきらめない」ことだ。

そのためにはシンプルで、胸を打つ合言葉が必要だ。

「だれの子どもも、ころさせない」。ママさんたちの思いがこの言葉に込められている。

「Ｌｏｖｅ　Ｔｒｕｍｐｓ　Ｈａｔｅ」「だれの子どもも、ころさせない」。

日米の、この二つのフレーズに愛を感じる。このような市井の人々に背中を押されて私は紛争地へ旅立つ。２０１１年の９１１アメリカ同時多発テロ事件を機に、世界に拡散した「テロとの戦い」に正義はあるのか、それを検証するために。そして南スーダンに派兵された自衛隊員も、イラクにいる米兵も、シリアやソマリアの難民も、誰も死なないでほしいと思うから。

# 「テロとの戦い」を疑え——紛争地からの最新情報◉もくじ

装丁　上野かおる

# 序章

# 中東問題とは何か
## ――「シリア内戦」を軸に

ミグ戦闘機の空爆で破壊されたマンション。3家族15人が殺されていた
（シリア・アレッポ　2012年9月）

「中東問題は複雑でよく分からない」と言われることが多い。日本から遠く離れた国々で、戦争やテロが絶えない恐ろしい地域…。中東と聞けばこのようなイメージを思い浮かべる人が多いかもしれない。ここではよく分からないと言われる中東問題を、「泥沼化したシリア内戦」にスポットを当てて、その歴史的背景から読み解いていきたい。その後に「なぜイスラム国（IS）が出現したのか」、最後に「教育とメディアの責任」という3つのキーワードから分析してみたい。

## 1、「シリア内戦」の過去と現在

そもそも中東の範囲はどこからどこまでなのか？（地図1）一般的に中東といえば西はエジプトから東はイランまでを指す。「アラブの春」で有名になったリビア、チュニジアなどは中東ではなく北アフリカである。ちなみにアフガニスタン、パキスタンは西南アジアに分類されている。

では、まず「泥沼化したシリア内戦」から考えてみよう。シリアは中東のほぼ真ん中に位置している。（地図2）

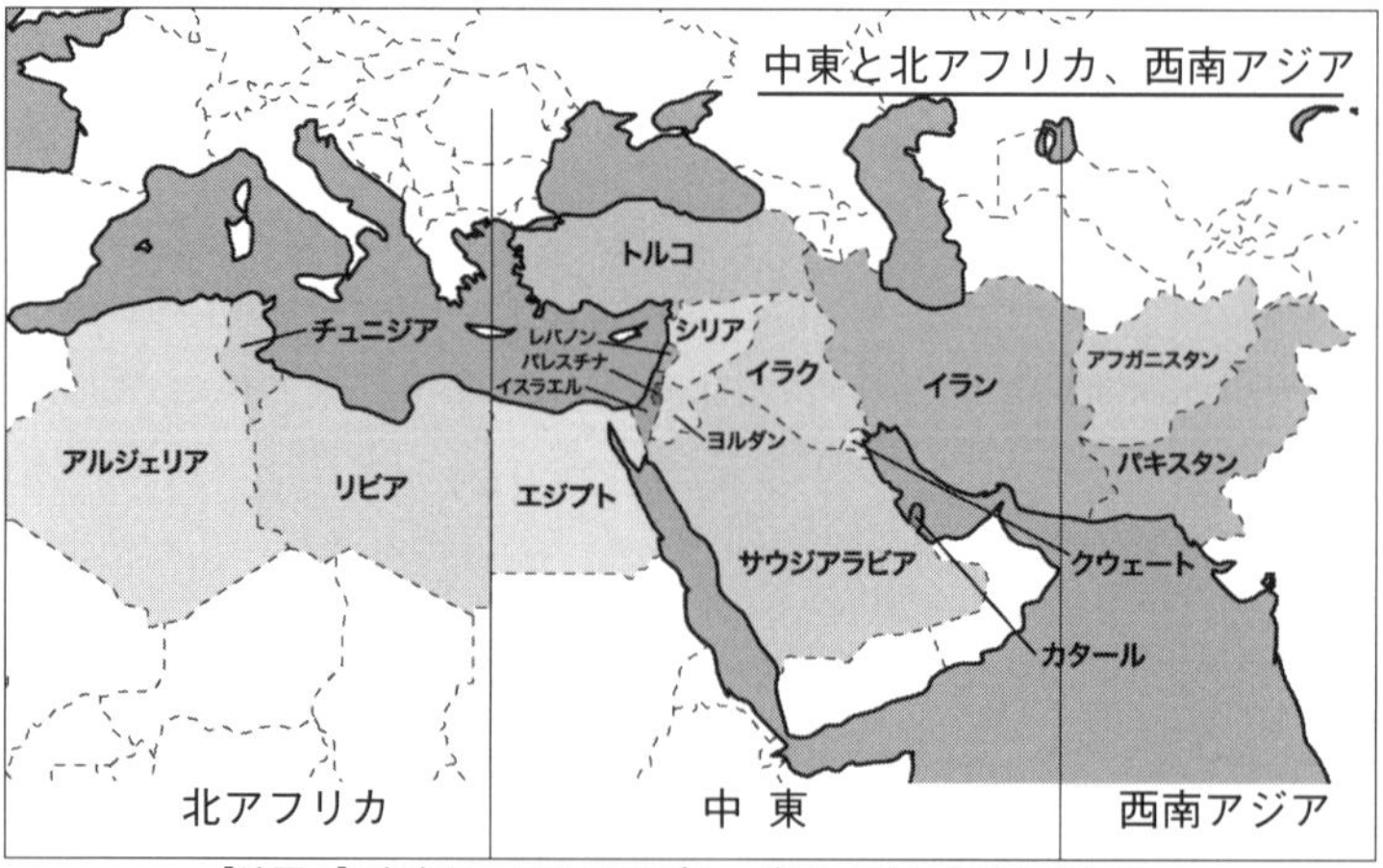

【地図1】中東は、西はエジプト、東はイランまでとされる

北にトルコ、東にイラク、南にヨルダン、イスラエル、西はレバノン、キプロスに囲まれた、面積が日本のほぼ半分、人口は約２１００万人の国である。いや正確には「国だった」。２０１１年に内戦が勃発したシリアは、難民と国内避難民を合わせて１０００万人以上。つまりシリアという国はすでに壊れていて、シリア人は故郷を失った「流浪の民」になってしまったのだ。

## ■シリアの歴史

シリアの歴史は古い。メソポタミア文明の発祥の地であり、その国名は紀元前19世紀のアッシリア帝国に由来している。例えばシリア北部のアレッポは世界最古の都市として有名で、街全体が世界遺産になっている。日本がまだ縄文時代の頃から文明の花を咲かせていたアレッポは、２０１６年末、ロシア軍とアサド政権軍の残酷な空爆によって街全体が崩壊してしまった。

私は２０１２年から14年にかけて合計4回、内戦中のアレッポに入った。世界遺産のお城にアサド軍が立てこもり、これまた世界遺産のモスクから反政府軍が銃撃を加えていた。何千年もの歴史を刻んできた石畳の道、モスク、教会、石鹸工場、スーク（市場）が無残にも破壊されていた。（写真１）

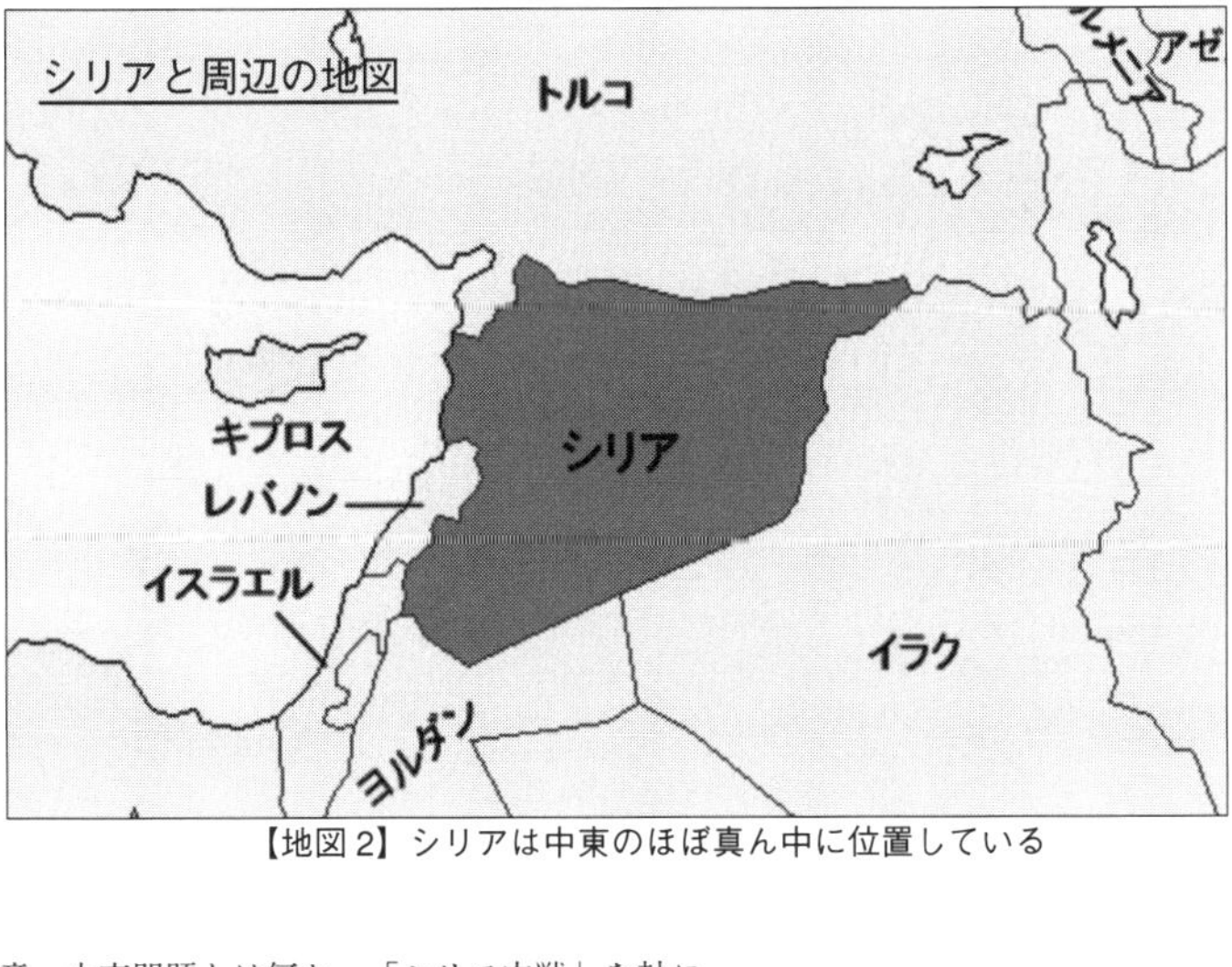

【地図2】シリアは中東のほぼ真ん中に位置している

■シリアという国　歴史や文化は非常に古いのであるが、シリアという国は新しい。今から１００年前まではシリアやイラクは存在せず、この地域は全てオスマントルコであった。（地図３）

オスマントルコは第一次世界大戦でドイツと組んで参戦し、やがて敗北。勝利したのがイギリス、フランス、ロシアであった。戦争に勝ったイギリス、フランスは１９１６年サイクス・ピコ秘密協定によって、オスマン帝国を勝手に分割。イラクとヨルダンはイギリスが、シリア、レバノンはフランスが統治した。（地図４）この地域の国境線が真っ直ぐなのはそのためである。

パレスチナは国際連盟の承認したイギリスの委任統治領になった。イギリスはこの後、悪名高き二枚舌、三枚舌外交を展開する。（図１）この地に居住していたアラブ人（パレスチナ人）に対して、「ここにアラブの国を作ってもいいよ」（フサイン・マクマホン協定）と許可をしておきながら、世界中に散らばって差別と弾圧に耐えていたユダヤ人に対しても、「ここに集まってきてユダヤの国、イスラエルを作っていいよ」（バルフォア宣言）と無責任な約束を交わしてしまう。

【写真1】アサド軍の空爆で破壊された民家（シリア・アレッポ　2012年9月）

パレスチナは日本で言えば四国ぐらいの面積しかない。この土地で平和共存できればよかったのだが、アラブとユダヤで領土争いが勃発し、これが中東戦争となり、争いは21世紀の今も続いている。（地図5）

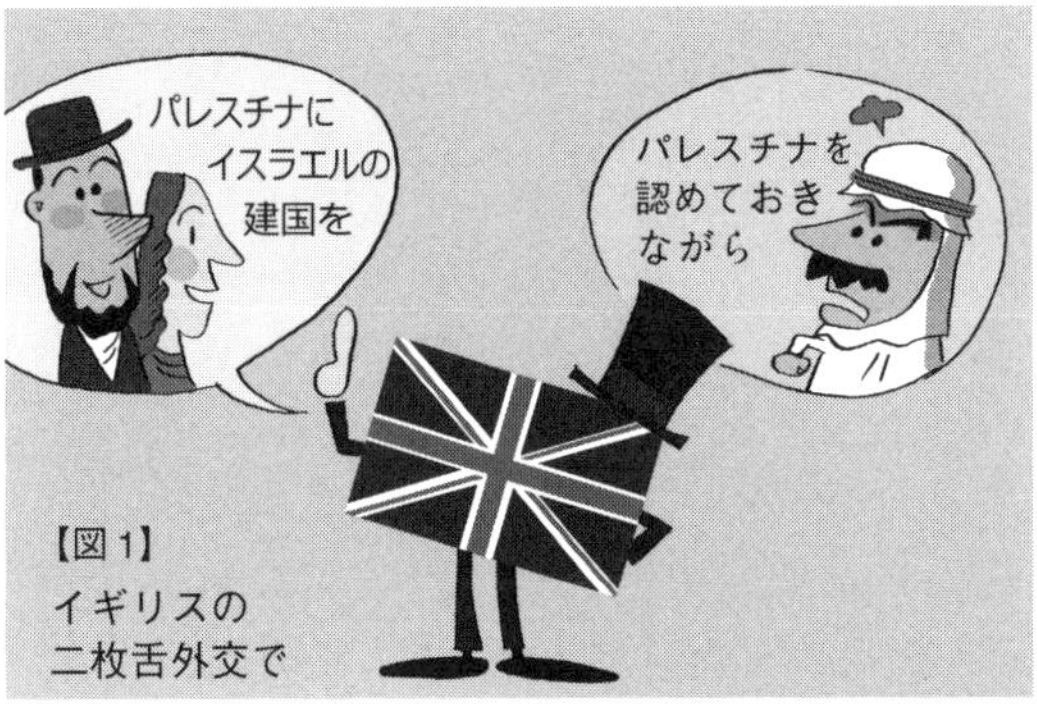

【図1】イギリスの二枚舌外交で

1967年、第三次中東戦争が勃発。戦争はわずか6日でカタがつき、イスラエル側の圧勝に終わる。イスラエルはこの時シリアを電撃的に侵略、シリアからゴラン高原を奪い取ってしまった。

その3年後の1970年、ハーフィズ・アサド（父アサド）のクーデターが起きて、シリアはアサド政権になる。父アサドは30年間独裁政治

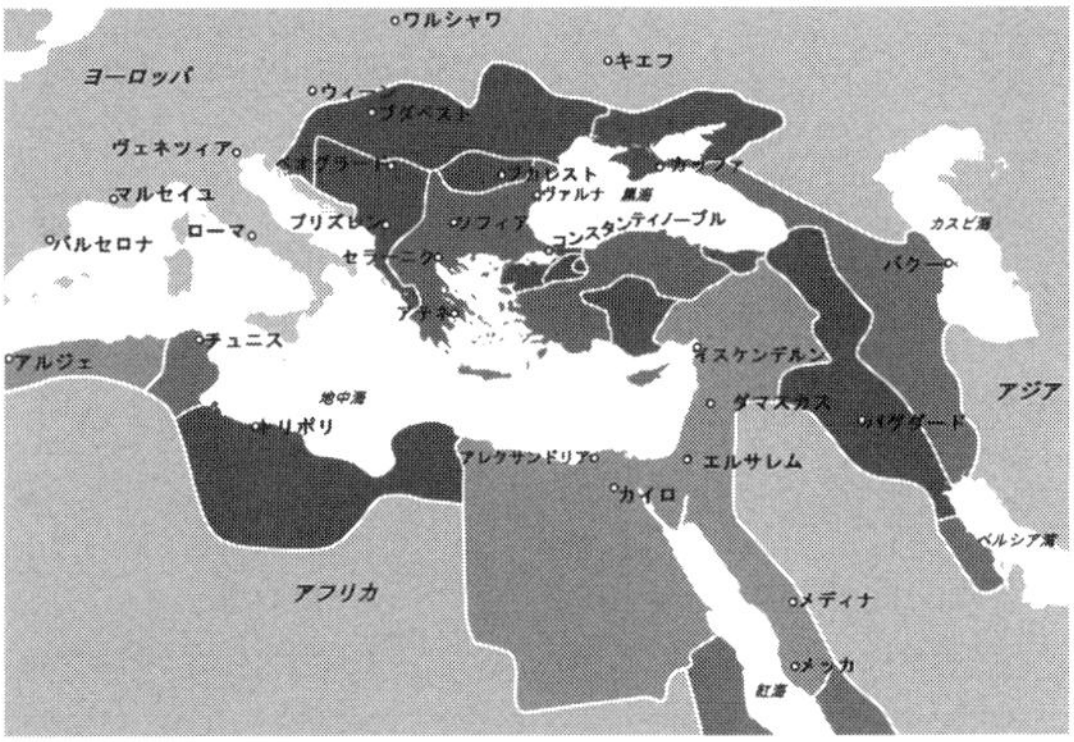

【地図3】シリア・イラクはオスマントルコの一部だった

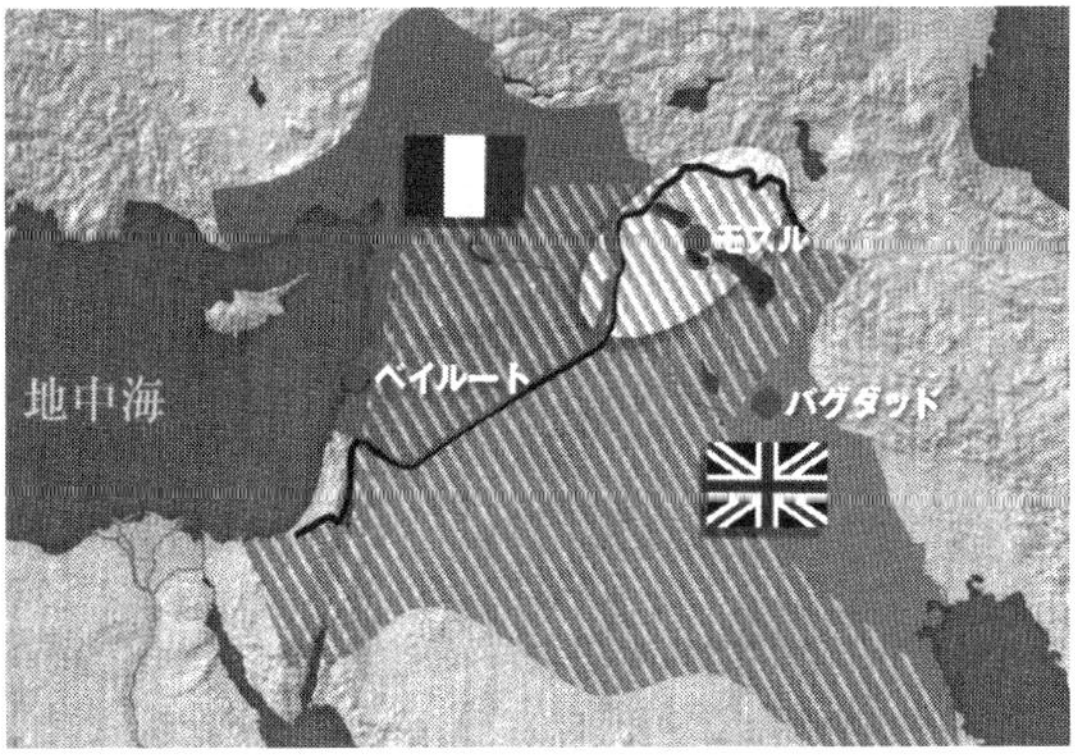

【地図4】英がイラク、ヨルダン、パレスチナを、
仏がシリア、レバノンを統治した

を続けるが、２０００年に病死。息子のバッシャール・アサドが世襲で独裁を引き継いだ。

　アサド大統領はイスラム教アラウィー派の出身。アラウィー派は人口が約10％で北西部の一部地域に居住する。国民の多数はイスラム教スンニ派で約80％、その他にキリスト教徒やクルド人などがいる。シリアは「モザイク国家」なのだ。

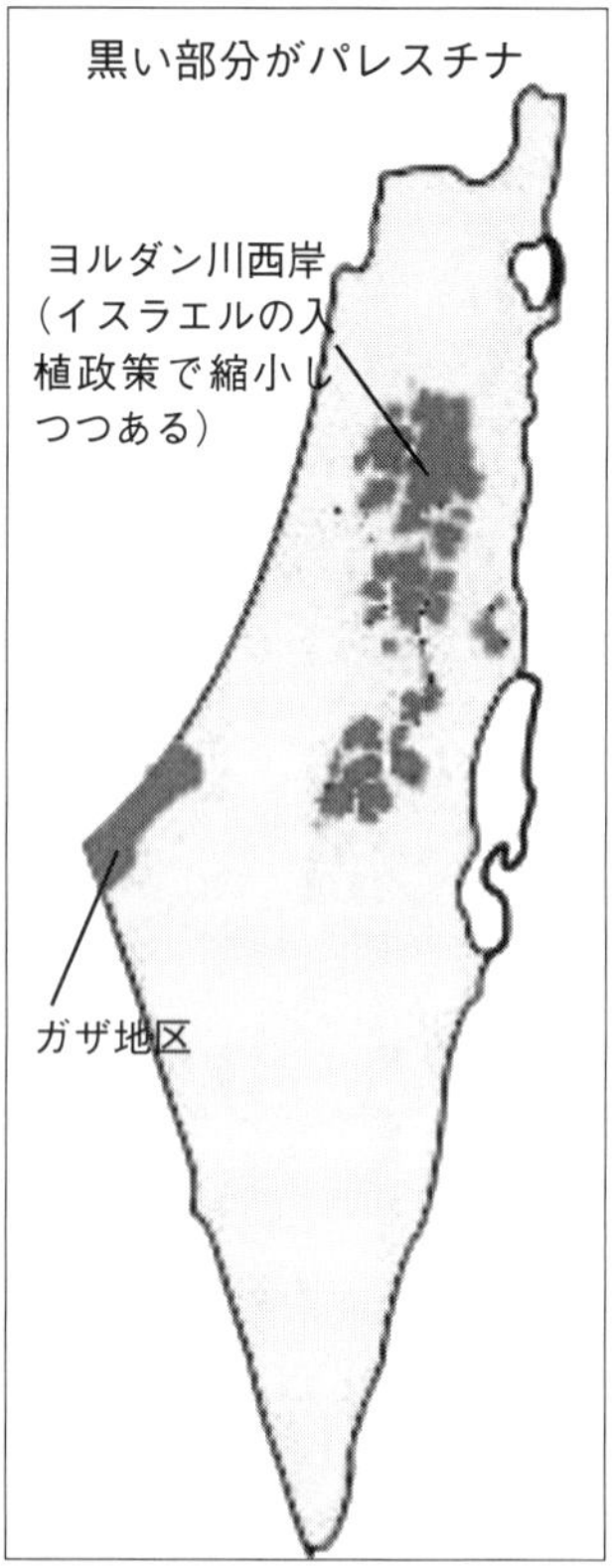

【地図５】中東戦争の原因はイギリスにあった

**■アサド政権**　ではなぜ少数派のアサドが権力を握れたのだろうか？

その答えは宗主国フランスにある。フランスはシリア独立（１９４６年）の際に、わざと少数のアラウィー派に武器を与え、アラウィー派中心の軍隊を作らせてから本国に帰っていく。軍隊を持てばクーデターで権力を握ることができる。かくしてシリアはアサド政権になった。しかし少数派の政権は国内政治基盤がもろいので、政治を安定させることが難しい。常に多数派の攻勢にさらされる少数派は、イギリスやフランス、ロシアやアメリカを頼ることになる。

　逆に言えば、欧米列強はわざと少数派に政権を取らせることで、その国をコントロールしやすくしていたのだ。

アフリカにルワンダという小国がある。（地図6）1994年フツとツチの悲惨な内戦で合計80万人以上が殺害された。この背景には宗主国ベルギーがいた。ベルギーはわざと人口10%程度、少数派のツチを優遇して政治権力を持たせていた。人々がなぜそこまで憎しみあったのか？　単に民族の違いだけでこれほど悲惨な戦争をするわけではない。その背景にある「植民地ゆえの支配と分断構造」を見ておかないと間違えるのだ。

間違えるとは？

**■中東やアフリカで戦争が多いのは**　中東やアフリカで戦争が多いのはなぜですか？

「ここにはイスラム教徒とキリスト教徒が住んでいて、長く対立していました。だから戦争になったのです」「イスラム教の中にスンニ派とシーア派がありまして、宗派間の争いが…」。

こうした「底の浅い解説」がメディアで流れることがある。しかし人間は宗教が違うだけで殺しあったりしないのだ。イスラム教もキリスト教も仏教も当然ながら「人を殺してはいけない」「平和が一番大事だ」と教えている。「あいつらは○○教徒だ、殺してしまえ」などということにはならない。

テロ事件が起きると、テレビでは悲惨な映像が繰り返し流される。「犯人はイスラム過激派です！」

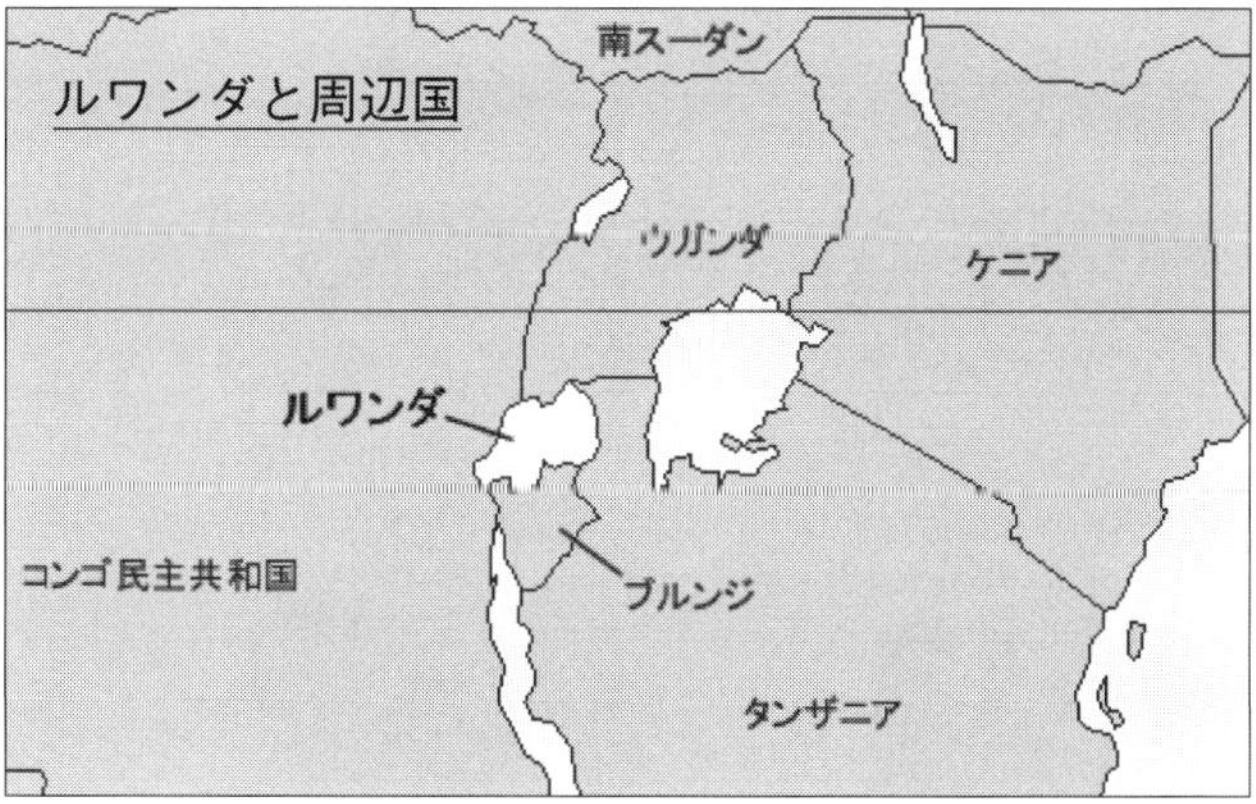


【地図6】ルワンダ内戦の背景にあるのは…

「ISに感化された若者が…」といった「解説」が繰り返されることによって「刷り込み」が起きる。

刷り込みとは？

「イスラム教って恐ろしいなー」「移民が来たから治安が乱れているのでしょう?」…。これらは連日の報道で「何となく」刷り込まれていき、そしてアメリカでは「イスラム教徒は入国させるな」「メキシコとの国境に壁を作れ」と主張するトランプ氏が大統領にまでなってしまった。

■「シリア内戦」

「シリア内戦」に話を戻す。

1982年「ハマの大虐殺」が起きる。シリア中部の都市ハマで、スンニ派の「ムスリム同胞団」が独裁政治に抗議して決起した。父アサドは「ムスリム同胞団」と対話することなく、徹底的に殺戮した。これはその後「ハマの論理」と言われるようになった。

つまりこういうことだ。多数派であるスンニ派の言い分を少しでも聞いてしまえば、どんどん譲歩を続けていかなくてはならない。アサド政権は少数派であるからこそ、最初の抗議を認めない。あくまでも最初が肝心。抗議する者は徹底的に殺す。その恐怖によってしか、政権は維持できない。

その結果ハマでは約8万人もの住民が虐殺された。当時も今

バッシャール・アサド（息子）

ハーフィズ・アサド（父）

も国際社会は虐殺を止めることはできなかった。

息子のバッシャール・アサドも父親から「ハマの論理」を叩き込まれていたのだろう。2011年3月16日、シリア南部の都市ダルアーで起きた政権批判デモ。この時にデモ隊の責任者と話をして、民主化要求を少しでも飲んでいたら、これほど悲惨な内戦にはならなかった。

最初が肝心。

「子アサド」は父の教えを守って最初から徹底的に殺してしまった。

一度殺してしまうと後には戻れない。アサド大統領は自分の兵士に「デモ隊とそれに協力した人々」を拘束、拷問、殺害するように命令する。兵士たちは泣きながら「命令に従ってデモ参加者、つまり同胞を殺害するか」、それとも「命令に背き、民衆側について決死の反政府活動をするのか」を迫られた。大量の兵士が寝返って、デモ隊側についた。やがて住民たちに武器が流入し、シリア各地に「自由シリア軍」が結成された。そしてシリアは内戦になった。

アサド軍がなぜ罪なき住民まで徹底的に殺すのか？　それは少しでも妥協したら今度は自分たちが皆殺しにあう――。そんな「少数派の恐怖」に取り憑かれているからだ。

## ■アレッポの街で

内戦初期の2012年9月、私はシリア北部のアレッポに潜入した。勇敢なジャーナリストで、戦争の悲惨さと平和の大切さを訴えていた山本美香さんがアサド軍によって殺害された事件の2週間後のことだった。

アレッポの街は悲惨だった。夕方、兵士と移動していると、赤とんぼみたいな小さな飛行機がはるか彼方の上空に出現。「ミグ戦闘機だ。隠れろ！」兵士が叫ぶ。私たちは商店街の軒先に駆け込む。赤とんぼのように見えた小さな飛行機はぐんぐん大きくなって、上空を通過していく。通過したミグ戦闘機を見送りながら、兵士たちと一緒にバラバラと道路に出る。空爆は恐ろしい。あの時、私たちの誰かが発見されてミサイルを撃ち込まれたら、私はここにはいない。あっという間にあの世行きだ。

夜になった。店主が逃げ出したパーマ屋さんの2階で自由シリア軍の兵士とごろ寝していたが、深夜12時から2時半ごろにかけてアサド軍支配地域からロケット弾が20発も飛んできた。迎え撃つこちら側にはロケット弾はなかった。兵士たちはカラシニコフ銃に銃弾を詰め込みながら、「明日、銃撃戦でやっつけてやる」と息巻いていた。（写真2）この隠れ家にトラックが次々とやってきて銃弾や仕掛け爆弾が運び込まれる。「カタールからだ」兵士の一人が説明してくれる。

アサド軍にはイランからシーア派民兵、レバノンからヒズボラ兵が補充されていたが、この時点では兵士は自由シリア軍の方が圧倒的に多かった。同じスンニ派のサウジアラビア、カタール、トルコなどから銃弾とＡＫ47カラシニコフ銃が大量に入ってきていたので、「弾切れ」することはなかった。兵士たちは「昼間の銃撃戦」に自信を持っていた。

【写真2】ここで兵士とごろ寝、ロケット弾が恐ろしかった

しかし制空権はアサド軍が握っていた。簡単に言えば、昼間の銃撃戦では数に勝る自由シリア軍が優位になり支配地域を獲得していくが、夜間の空爆、ロケット弾攻撃などで、支配地域を奪い返される、一進一退の攻防が続いていた。

翌朝、街で目にした光景は今でも脳裏に焼き付いている。団地群にミサイルが命中し、煙を上げている。（写真3）商店街では人々が家財道具を軽トラックに詰め込んでトルコに逃げ出していく。自由シリア軍兵士を詰め込んだトラックが、前線に出発していく。ミサイルがビルの3階部分までを破壊し、13名が殺されている。瓦礫になった街を歩いていると、「ミサイルでやられた」と住民が証言する。そんな中でも人々の生活がある。買ったばかりのパンを頭に載せて子どもがやって来る。（写真4）パン屋さんの前には黒山の人だかり。（写真5）この写真を撮影した3ヶ月後、この場所にミサイルが撃ち込まれ40名が殺害された。これだけ人が集まるとミグ戦闘機から見えるのだ。「人が集まると危ない」のがアレッポの現実だった。

その後もシリアは悲惨を極めた。アサド軍の後ろ盾についたロシアが、なりふり構わぬ軍事支援を続けたため、戦闘機、ヘリコプター、ロケット弾…。アサド軍はすべての武力で優位に

【写真3】午前8時半、この日最初のミサイルが団地に命中した

立った。2013年末、無政府状態に陥ったシリアにISがやってきた。ISはみるみるうちに支配地域を広げ、14年には一大勢力となってしまった。

## 2、ISはどのようにして生まれたのか

### ■ISの出現

では次に「ISの出現」について見てみよう。

結論から言えば、ISはアメリカのイラク戦争によって誕生した。2003年にフセイン政権を打倒したアメリカは、その後フセインを支えていたイラク軍、官僚たちをほとんど全てリストラした。イラクはシリアとは逆で、多数がシーア派で全人口の約60％を占める。スンニ派は約20％に過ぎないが、フセイン政権もまた「少数派政権」だったので、兵士や官僚たちはスンニ派が多かった。

アメリカはフセイン政権を打倒した後に、兵士や官僚をリストラした。失業した兵士や官僚たちは

【写真4】パンを頭に載せた子ども

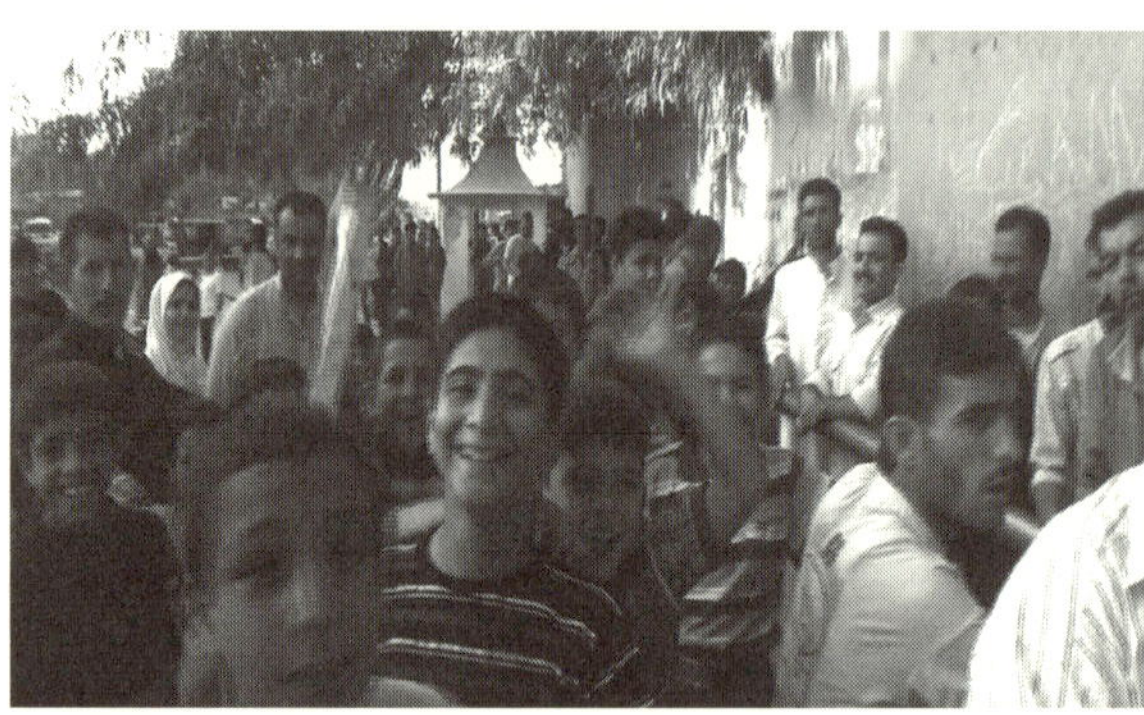
【写真5】パン屋さんの前で。これだけの人が集まると危険

失意の内に故郷スンニ派のファルージャやモスルに帰って行った。

２００４年から06年にかけて、アメリカはそのファルージャやモスルで人虐殺を始めた。スンニ派住民の中に反米感情が充満していく。

この頃、隣国ヨルダンからザルカウィというテロリストがやってきて、「イラクのアルカイダ」を結成していた。これはスンニ派系のイスラム過激派組織であるが、当初は支持されていなかった。しかし米軍は、誰がテロリストで誰が普通の市民かを確かめることなく、恐怖政治を始めた。罪なき人々が虐殺、逮捕、拷問されていく。そんな中で少なくない元兵士や官僚たちがテロ組織である「イラクのアルカイダ」に合流したのだ。

その後、ザルカウィとビンラディンは路線の違いから対立する。米兵やシーア派民兵など「身近な敵」と戦いながら「領土」を広げようとするザルカウィに対して、ビンラディンのアルカイダは、あくまで「遠くの敵」アメリカ本土を狙ってテロを続行せよ、という方針だった。やがてザルカウィは「イラクのアルカイダ」を改名して「イラクとシャーム（シリア）のイスラム国」、つまりＩＳＩＳと名乗るようになった。

イラクで生まれたＩＳＩＳがシリアにやってきたのは、「治安の空白」と「サウジアラビアやトルコなどの支援」があったからだ。

シリアは国土の西半分に雨が降る。東は広大な砂漠。アサド軍と自由シリア軍の戦闘は、西側の主要都市の奪い合いである。だから東側の砂漠地帯に広大な治安空白地帯ができる。そこを東側、つまりイラク側からＩＳＩＳが進出してきたのだ。

これはＩＳの支配地域を示した地図である。（地図７）アメーバー状に広がっているが、このアメーバーはユーフラテス川とチグリス川の流域だ。水があるところにしか人は住めない。あとは広大な砂漠なのだ。

「アラウィー派（シーア派の一部と考えられている）のアサドを倒してくれるのなら、どんなスンニ派の部隊でも援助する」。これがシリア内戦当初のスンニ派大国であるサウジアラビアやトルコの姿勢だった。だから近隣諸国の金や武器が流れ込み、ＩＳＩＳは巨大テロ組織になってしまった。

この頃、つまり２０１４年初頭、シリアではドロ沼の内戦が続いていたが、イラクでも事実上の内戦になっていた。イラクのマリキ首相が自分の軍隊、つまりイラク政府軍にモスルを空爆させていたのだ。なぜか？　マリキ首相はシーア派主体の政権だ。シーア派はフセイン時代に弾圧されていて、大量虐殺もあった。その報復と実力誇示の狙いから、マリキ首相は理不尽な「スンニ派刈り」を始めたのだ。

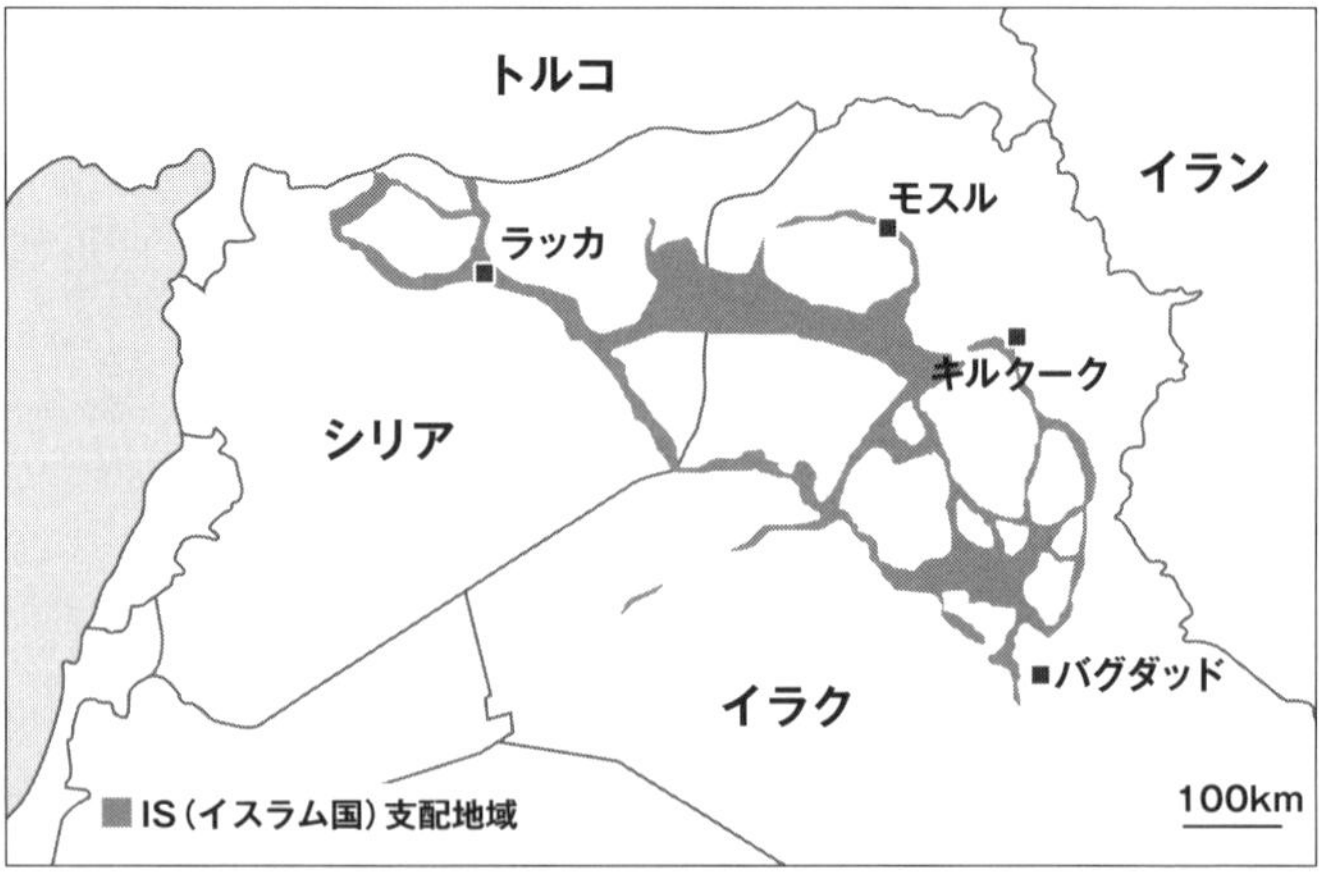


【地図７】ISの支配地域はアメーバー状になっている

モスルの住民たちは自衛のために戦い始める。そんな「街を守る戦い」に参加してきたのが同じスン二派を名乗るＩＳＩＳだった。モスルの人々は目の前の敵、イラク政府軍を追い払わねばならない。それでＩＳＩＳを受け入れてしまった。かくして２０１４年６月、イラク第２の巨大都市モスルがＩＳＩＳに陥落した。人口２００万人とも言われるモスルを奪ったＩＳＩＳはこの後「イスラム国」（ＩＳ）と名乗るようになった。この時がＩＳの絶頂期だった。

【図２】ISの組織図

これが組織図である。（図２）指導者の下にイラク担当、シリア担当の元軍人がいる。その下に評議会があって、その下には知事まで配置している。そして６００万人とも７００万人とも言われる「国民」には税金までかけている。

つまりＩＳは戦争のプロ（元軍人）と行政のプロ（元官僚）がいたからこそ、テロ組織でありながら、「国家」を名乗るまでに成長することができたのだ。

**■製造者責任はアメリカに**　ＩＳはアメリカのイラク戦争を産みの親として、シリア内戦を育ての親として、モンスターになった。

だから「アメリカにこそ製造者責任」がある。アメリカは、初期段階で地上部隊を投入して地元の人々と協力し、ＩＳを掃討する責任があった。しかしオバマ大統領は空爆だけを続行して地上部隊を投入しなかった。なぜか？

アフガン、イラク戦争でアメリカはのべ約２００万人もの兵士を投入した。その帰還兵の4分の1、つまり50万人もの元兵士がＰＴＳＤ（心的外傷後ストレス障害）、うつ病、アルコール依存、ドラッグ依存などの疾患に悩んでいる。アメリカ社会がアフガン、イラク戦争で壊れてしまったのだ。ちなみに大統領選挙でヒラリー・クリントンが負けた原因の一つに、そんな「無謀なイラク戦争を支持してきたヒラリーの過去」がある。トランプは嫌だがヒラリーも嫌という人が、選挙を棄権してしまった。

話を戻す。オバマ政権は、肝心な時に「これ以上の兵士投入は無理」と判断した。しかし米兵が傷つかない空爆は続けた。空爆はＩＳ戦闘員だけではなく無関係な市民を巻き添えにする。その結果、親兄弟を殺された住民たちがＩＳを支持してしまう。「ニューＩＳ兵士」になる若者もいるだろう。空爆は逆効果だ。

ではどうすればよかったのか？

私はむしろ最低限の地上部隊を投入し、モスルの住民たちに最低限の武器を与えて自警団を結成して、住民たちがＩＳを掃討するという作戦が有効だったと思う。実際にファルージャがアルカイダに占領された時に（２００7年頃）、米軍は地元の部族に武器を与えて「覚醒」という自警団を結成させた。そして「覚醒」がアルカイダを追い出し、ファルージャは一時平和になった。あの例にならって、モスルでも同様の作戦を立てられたはずだ。そうすればＩＳに殺される人も、空爆の巻き添えで亡くなる人も、かなり減らせただろう。

ではなぜアメリカ、フランス、ロシアなどは空爆だけを続けたのか？

それは「シリア内戦を簡単に終わらせたくない」「戦争を続けて儲けたい」からだろう。

世界中のメディアがＩＳのテロをセンセーショナルに報道し続けたので、「ＩＳへの空爆は仕方がない」という世論が形成された。だから戦争反対の声があまり大きくない中で、延々と空爆が続き、軍産複合体は空前の利益を上げ続けている。アメリカ、ロシア、フランス、トルコ、そしてアサド軍の空爆は無関係の人々を巻き添えにして悲惨な結果を招く。ＩＳのテロは報道されるが、有志連合による一般住民の殺害、誤爆はあまり報道されない。

地獄に叩き落とされたシリア、イラクの人々。しかし世界は無関心のままだ。

原因は「教育とメディア」だと私は考えている。

## 3、教育とマスメディアの責任

■現代の教育　まずは現代の教育から考えてみる。
厳しい受験競争の下で、歴史は「細切れに暗記する作業」になっている。

１９１４年セルビアの青年がオーストリアの皇太子を射殺、第1次世界大戦勃発。１９３９年ナチスがポーランドに侵攻。第２次世界大戦が勃発。

試験では「正確な年号と事件の概要」だけが問われる。つまりそこにある人々の暮らしや、戦争に反対して地下活動をしていた人々の記録などは「試験には出ない」のでじっくり考えたり討論したりすることはない。言い換えれば、「１９１４年」や「ナチス台頭」は試験にパスするための記号でしかない。

でも実際の社会は記号ではない。人々の生活、景気、政治、プロパガンダその他が複雑に絡み合って社会が動いていく。

第1次世界大戦がなければ、ナチスは台頭していない。過酷な賠償金を課せられたドイツ、失業に苦しむドイツの人々が「強いドイツ」のスローガンに騙されてヒトラーを選ぶ。ヒトラーが現れなければ、第2次世界大戦はない。第2次世界大戦がなければ、米ソ冷戦にはなっていない。冷戦に勝つためにソ連は軍事独裁化し、アフガニスタンを侵略する。もう少し「民主的なソ連」ならソ連は崩壊しなかったかもしれない。90年代のソ連崩壊がなければ「アメリカ独り勝ち」はない。世界のパワーバランスが崩れ、アメリカを誰も止めることができなかったので１９９１年の湾岸戦争が起きてしまう。この時アメリカはイラクとの戦争に勝利したが、なぜかフセイン政権を打倒しなかった。その後アメリカはイラクで小規模な戦争を続けるが、「決着をつける」ため2度目のイラク戦争（２００３年）を開始する。

その結果、イラクに反米感情が沸き起こってＩＳが生まれる。ＩＳが現れたことで各地にテロが起こるようになる。人々の中に矛盾や怒りが沈殿していく。そして戦争と格差社会が、欧米に難民、移民を送り込む。心に余裕を失った人々が難民、移民排斥運動を支持してしまう。そして当初は「泡沫」

と言われたトランプ候補に票が集まって…。

歴史はつながっているのだ。今、自分が暮らすこの社会と過去の戦争はつながっている。だからこそ歴史は面白い。しかし暗記だけの歴史教育ではその面白さがわからない。結果「無関心」層が増える。「無関心」な人々が増えてくれれば、世界の片隅でこっそりと戦争ができてしまう…。

■メディア　次にメディアについて考えてみよう。

「オスマン帝国が解体されたのはなぜか?」「植民地政策はどれほど悲惨だったか?」「沖縄に基地が集中したのはなぜか?」などをわかりやすく報道することはとても大事だと思う。しかしそんな「辛気くさい」番組では視聴率は取れない。スキャンダルにまみれた芸能ニュースや華やかなスポーツニュースを報道すれば確実に数字は上がる。

追い打ちをかけたのが2008年のリーマンショックとインターネットの発達。広告費が激減し、番組予算が大幅に削られたのだ。苦境に陥ったテレビ界においてドキュメンタリー報道は金がかかる。例えばアフガニスタンを特集するには、記者の交通費、滞在費はもちろん、通訳などの人件費や護衛費用など経費がかさみ「なかなかペイしない」のだ。

一番安く作れるのは生放送だ。吉本興業のタレントさんを並べて、「この漢字はどう読むのか?」というクイズを解かせておけば、制作費は格安だろう。その結果テレビ番組がどんどんつまらなくなって、視聴者が減る。国民がテレビから離れ始めると、さらに広告費が減って番組予算が削られる。悪循環だ。

テレビは「もっと刺激的に」「もっと簡単に」数字の取れる事件を追いかける。

事件だけではない。政治家についても「数字の取れる」人が繰り返し登場するようになる。例えば石原慎太郎元都知事が「(子どもを産めない)ババァは有害」と放言したり、橋下徹前大阪市長が「(米兵の性犯罪をなくす方法として、沖縄の米軍に)風俗を使ってください」と「提案」したり、トランプ大統領が「メキシコとの国境に壁を作れ!」と暴言を吐いてくれたりしたら、面白いので数字が上がる。その結果、テレビに露出する機会が多い「トランプ的な政治家」が選挙に勝利する。

日米の大手メディアに猛省を求めたい。「政治は冗談ではない」のだ。戦争と貧富の差の拡大で社会は歪み始めている。だからこそ腰を落ち着けて真面目な議論が必要だった。もともとジャーナリズムとは権力の暴走をチェックするためにあるものなのに…。

2001年10月のアフガニスタン取材、03年のイラク取材からずっと中東を取材してきた。幸いにも04年に市役所をやめてフリーランスのジャーナリストに転職することができたので、行きたい時に行けるだけ、たまに政府に止められながらも(苦笑)、現場を踏むことができた。現場を取材して痛感したのは「騙されてはいけない」ということ。本書のテーマにはそんな思いが込められている。最後までお読みいただき、新たな視点として考慮していただければ、望外の幸せである。

第1章

# フランス同時テロから「テロとの戦い」を考える

同時テロでは日本料理店「SUSHI MAKI」も襲われた。なぜ日本が狙われたのか…（フランス・パリ　2015年11月© 大津尚志）

# 1、シャルリーエブド事件の真相を疑う

**■シャルリーエブド事件とは**　私は前著『戦争のリアルと安保法制のウソ』（日本機関紙出版センター）で、「2015年1月7日にフランスで起きたシャルリーエブド事件がかなり怪しい」ということを指摘した。

かいつまんで言うと、①フランスは軍隊の海外派兵を憲法35条で認めていて、軍を海外に派兵する際には、政府は3日以内にその事実を国会に通知するだけでOK。②しかしそれは最初の4ヶ月だけで、派兵期間を延長する場合、政府は国会から承認決議を取り付けなければならない。つまり最初は簡単に派兵できるが、4ヶ月後に立ち止まって考え直そうというのがフランスの憲法だ。③フランスがIS（イスラム国）への空爆を始めたのが2014年9月19日。4ヶ月を足すと15年1月18日が「派兵延長決議」の締め切りとなる。④15年1月の時点で、フランス・オランド大統領の支持率は20%にも満たず、低支持率にあえいでいた。（図1）ISへの

【図1】事件後オランド大統領の支持率は急上昇

空爆に踏み切ったオランド大統領は戦費がかさんだため、年金を削減し、失業対策を放置した。パリでは「オランドは戦争を止めて年金に金を回せ」というデモが起きるほどだった。⑤オランド大統領はピンチを迎えていた。自分の人気は急降下、しかし締め切り（1月18日）は迫る…。そんな中、1月7日にシャルリーエブド事件が起きた。合計17名を殺害した犯人3名が1月9日に殺害され、事件は収束した。⑥その2日後の日曜日、政府が呼びかけてフランス全土で大集会が開催された。（**写真1**）「私はシャルリー」と書かれたプラカードを持った国民約370万人が参加した。（**写真2**）集会では40ヶ国以上の首脳たちが先頭に立ち、「世界はフランスと団結し、テロと戦う」と誓った。（**写真3**）しかし後日、イギリスのネット新聞が、首脳たちのデモを遠くから撮影す

【写真1】2015年1月11日、フランス政府が呼びかけて大集会が開催された

【写真2】「私はシャルリー」と書いたパネルを持って集まった人々

ればこのようなものだった、と暴露した。（写真4）世界の大手メディアは写真・上だけを報道し、写真・下を報道することはなかった。⑦この集会でオランド大統領の支持率は急上昇した。（図1）そして2日後の1月13日（火）、フランス議会はISへの空爆延長決議を、賛成488、反対1、棄権12で通過させた。だからフランスは今も空爆を続けている…。

■事件現場を歩いて　これが事件の概要だ。犯人の兄弟がシャルリーエブド社を襲撃して逃げていくシーンがYou Tu

【写真3】40ヶ国以上の首脳がデモに参加した

【写真4】首脳たちは「デモをしたふり」をしただけだった

beに残っている。（写真5）一報を聞いて駆けつけた警官と犯人たちの銃撃戦となり、警官は足を撃たれて路上に倒れこんでしまった。犯人は抵抗できない警官を躊躇なく撃ち殺して、車に乗って逃げていく。そのシーンが繰り返し映されるが、銃弾は警官に当たっていないようにも見える。果たして……。

【写真5】「血が出ていない。発射の際のリコイルがない。遺体は動いていない。ウソだ」と書かれている

【写真6】お供えの花もなく祈る人もいなかったので探すのに苦労した

私はこのシャルリーエブド事件に興味を持ったので、15年8月に事件現場を歩いてみた。これが問題の警官射殺現場である。（写真6）警官が殺されたのが15年1月7

日。この写真を撮影したのは15年8月16日。まだ7ヶ月と少ししか経っていない。この警官は「テロと戦った英雄」であるが、殺害現場には花もメッセージもなく、祈りを捧げる人もいなかった。事件はすでに風化していたのだろうか？

この警官が殺された2日後、別の犯人がユダヤ系食品スーパーに立てこもって、客を人質に取り、4名を殺害する。ここは殺された4名の写真が飾ってあって、花も供えられている。（写真7）同じように「テロと戦った」のに、なぜこれほどの差があるのだろうか？

シャルリーエブド社が入居していたビルにも行ってみた。（写真8）4階建てのビルには階段があって、その階段に番号が振られている。シャルリーエブド社は15番だった。実はこのビルの手前側も同じような4階建てのビルで、階段は6番と10番の2つだった。

私がなぜこのビルまでやってこられたかというと、それはスマホのおかげだ。画面にシャルリーエブド社の住所を打ち込めば、スマホが喋る。「次の

【写真7】写真と花があったのですぐにわかった

角を右に曲がって500メートル行け、そして次に…」。インターネットに導かれて、本社ビルまでやってきたら、スマホはシャルリーエブド社を「階段番号6番と10番、手前のビルだ」と言う。でも実際はこの15番のビルが正解。インターネット、つまりGPS案内が最後の最後で少しずれているのだ。

報道によれば、犯人の兄弟はまず手前側、6番と10番のビルに侵入している。驚いた住民たちが「シャルリーエブドは向かい側！」と叫ぶ。間違いに気づいた兄弟は15番の階段からビル内に入り、4階の右端で編集会議をしていたコラムニストや風刺漫画家たちを撃ち殺した。

これは一体どういうことか？　犯人の兄弟は事前に下見をしていない、ということだ。私と同じようにインターネットでここまで来たのではないか。そうだとすれば、事件の巨大さに比べて、この計画の杜撰《ずさん》さはなんだ？

警官への銃弾、花も何もない射殺現場、そして間違ったビルに入った犯人たち…。

シャルリーエブド事件は不思議なことが多いのだが、この事件後、世界は「テロとの戦いモード」に舵を切り、戦争が拡大していった。数多くの「？」を抱えながら、私はパリを後にした。

【写真8】シャルリーエブド社が入居していた「15番ビル」。犯人は手前の「6番ビル」と間違えた

## 2、フランス同時多発テロの現場取材から

２０１５年11月13日、パリ中心部で同時多発テロが起きて１３０名の尊い命が奪われた。フランスでは警戒レベルが跳ね上がっていたはずなので、まさか同じ年に2度目のテロが起こるなどとは思っていなかった。しかしその「まさか」が起きた。

■再びパリへ　16年2月、私は再びパリに入った。予想していたとはいえ、パリは寒い。緯度の関係なのか、午前8時を過ぎてもまだ日が昇らない。陰鬱とした雰囲気の中、パリ中心部の共和国広場を目指す。テロ事件後、多くの市民が犠牲者への追悼を捧げた場所だ。（写真9）

事件から3ヶ月が経過していたが、共和国広場には犠牲になった人々への献花、追悼メッセージなどが多数飾られ、祈る人が後を絶たない。そんな人々をテレビカメラが追いかけている。この時点では、テロ事件はまだパリ市民の最大関心事で、大手マスコミが追悼特集を組んでいるようだった。

共和国広場からボルテール大通りが伸びている。「私は君の意見には反対だ。しかし君が意見を言う権利は命をかけてでも守ろう」。フランス革命当時の思想家ボルテールの言葉は、今でも民主主義

【写真9】共和国広場には花を手向ける人が集まってきていた

の基本を示している。

「この言葉、そのまま安倍首相にぶつけたいわ」。ボルテール大通りを歩きながら、15年9月19日を思い出す。日本はこの日に安保法制という名の「戦争法」を、十分な審議も行わず反対意見を封じ込めて、強行採決してしまった。「民主主義って何だ？」国会前で叫んでいた若者たちの姿を、パリで思い出したのだ。

ボルテール大通りを数分歩くとその一角だけ花が飾られ、閉鎖された劇場が現れる。（写真10）

２０１５年11月13日、カラシニコフ銃を持った4名の若者がこのバタクラン劇場に乱入。その日はアメリカのロックバンドのコンサートがあって、劇場は満員だった。「シリアへの空爆をやめろ」。犯人たちは叫びながら銃を乱射、90名の観客が犠牲になった。

明らかにこの劇場は狙われた。13日の金曜日、アメリカのロックバンドとそれを「支持するパリ市民」に天誅を…。狂ったＩＳ思想に感化された若者たちの凄惨な犯行だった。

【写真10】パリ同時多発テロで最も被害が大きかったバタクラン劇場。犯人はここから潜入、90名が犠牲になった

訪問時はまだバタクラン劇場は閉鎖中だった。一階がカフェ、その隣が劇場への入り口で、ここは

シャッターで閉ざされ鉄柵が置かれている。犯人たちは、この入り口から堂々と侵入していった。やがて劇場は阿鼻叫喚の地獄となった。観客は劇場の表側からは逃げられない。劇場の裏手に勝手口のような小さめの門があって、人々はここに殺到した。その模様は今もYou Tube（https://www.youtube.com/watch?v=nXTE2khDoA8）に残っている。

この細い路地で、駆けつけた警官との激しい銃撃戦が繰り広げられた。ビルの壁には40近い弾痕があって、それぞれに数字が記されている。（写真11）

劇場の正面に戻る。閉ざされたカフェの玄関に折り鶴が2つ。中東でもパリでもこうした場所に折り鶴が飾られるようになった。ヒロシマ、ナガサキでの平和の願いが、こんな風に悲しい形で広がっている。撮影の手を止めてしばし合掌。

【写真11】ビル壁に残った弾痕には番号がついていた

**■カンボジアレストランの襲撃**　次にカンボジアレストランへ。同時多発テロなので、別の犯行グループはカンボジアレストランを襲撃したのだ。「なぜカンボジアが？」という疑問は現地を取材してすぐに氷解した。（写真12）

「狙いやすかった」のだ。

パリのレストランは通常、店内だけでなく店外にもテーブルと椅子を並べて、人々は外の景色を楽しみながら食事をとる。ここは三叉路にあるので左からも右からも容易に襲撃できるし、逃げやすい。つまり犯人たちは「殺すのは誰でもよかった」ので、たまたま狙いやすい場所にあるカンボジア料理店を襲撃したのだ。

同じように狙われたカフェやレストランは全て三叉路に立地していた。その中の一つ、合計19人が殺害されたレストラン「ラ・ベル・イクイープ」の隣は「SUSHI MAKI」(寿司巻き)という日本料理店だった。

このSUSHI MAKIにも弾丸が数発撃ち込まれている。幸いにして弾丸はドアを撃ち抜いただけで犠牲者は出なかった。これは何を意味するのだろ

【写真 12】なぜカンボジアだったのか…

【写真 13】イスラエル国旗の前で『テロと戦う』と演説した安倍首相

うか?

三叉路のレストランを狙った銃弾の流れ弾だったのか?

それとも…。

犯人たちは日本の安倍首相がイスラエル国旗の前で「ISと戦う国に2億ドルを援助する」と演説したTV放送を見て(写真13)、「日本も敵だ」と一発撃ち込んだのか。犯人は全て殺されたので真相は闇の中。私は後者、つまり「日本もアメリカ、フランスと同レベルの敵とみなす」というメッセージが込められていると思う。

なぜかというと、2015年3月18日、チュニジアでもテロが起きて、博物館を見学中の22名が殺害された。その中に日本人女性が含まれていたが、テロリストはこの女性に「お前は日本人か?」と尋ねている。「はい、そうです」という答えを聞いてから、この女性は殺害されたのだ。2016年7月1日、バングラディシュでも凄惨なテロが起きて日本人7名が殺害されたが、ここでも「I am Japanese. Do not shoot me!」(私は日本人です、撃たないで)と懇願する女性を、犯人は無慈悲にも撃ち殺している。

一般的に言って、今までは中東、東南アジア、アフリカ諸国では日本人は好かれてきた。

2001年10月、私はアフガンに入国を果たすのだが、その入国審査の際の出来事である。BBCやCNNの記者たちに混じって、私は列に並んでいた。その他にもドイツ人やフランス人記者たちがいた。すると突然、入国審査官が後方に並んでいる私を指差して、「お前は日本人か?」と尋ねてくる。「はい、そうです」と答えると、「では、お前から審査する」。えっ、なんで?と思ったが、私は並みいる記者たちを追い越して、アフガン入国一番乗りを果たしたのだ。

「俺は日本人が大好きだ。俺たちはイギリスやロシア、つまり白人たちと戦争をしてきた。日本はあの『憎いロシア』に日露戦争で勝利してくれたじゃないか。ようこそアフガンへ」。なんと、入国審査官は私だけを別室に招き入れて、パンとコーヒーを振舞ってくれるではないか。露骨な「えこひいき」に戸惑い、他国の記者に気を使うほどだったが、この時は間違いなく日本はどこの国よりも好感を持たれていたのだ。２０１５年1月20日、後藤さん、湯川さん事件が勃発した時に、安倍首相がイスラエル国旗の前で「テロに屈しない」と演説したが、あの演説はムスリムの感情を逆なでするものだった。あれ以降、日本の平和ブランドが地に落ちて、逆に狙われるようになったのだと思う。

## ■サッカースタジアムの襲撃

パリ郊外、サン・ドニ市のサッカースタジアムは明らかに狙われた。当日はフランス対ドイツの公式戦が行われていたし、この試合をオランド大統領が観戦していたのだ。サッカー場の入り口には金属探知機があり、警備が厳重だったので襲撃できなかった。犯人はサ

【写真 14】このサッカースタジアムは明らかに狙われていた

ッカー場の外で自爆している。（写真14）

■首謀者像を追ってベルギーへ　世界を震撼させたパリ同時多発テロ。犯人はベルギー生まれベルギー育ち。首謀者はアブデルハミド・アバウドというわずか28歳の青年だ。

パリ北駅からタリスに乗る。このタリスという列車は「ＥＵの新幹線」というべきもので、パリからロンドン、アムステルダムなどを結んでいる。ベルギー、ブリュッセル行きのホームへ。列車待ちの人々が自転車をこぎながら、スマホに充電している。さすがパリ協定のお膝元、やっぱりＥＵはエコなのだ。日本でも東京駅や新大阪駅などに導入したらどうかな？列車が滑り込んできた。入り口は大混雑。金属探知機による手荷物検査のためだった。２０１５年夏、武装した男がタリス内で銃を発砲、犯人は乗客に取り押さえられた。金属探知機はこの事件後に取り付けられた。ヨーロッパもだんだん住みにくくなっている。

物騒な探知機を通れば、全席指定の快適な旅の始まり。新幹線並みのスピードで窓の景色が後方へ飛んでいく。パスポート

【写真15】建物は欧州、住民はアラブの街だった

チェックなしでベルギーに入国。シェンゲン協定といって、EU内のどこかの国に入国すれば、あとの移動は自由。つまりパリに入れば、マドリードへもベルリンへも「国内旅行気分」で移動できる大変便利な制度だ。

緑の平原を走行中、携帯電話に「ソフトバンクからのお知らせ」が入る。フランスの携帯会社からベルギーのそれへ変わったよ、という知らせが来るだけ。改めて「国境なんてない方がいいな」と感じる。残念ながらそんな「EUの理想」を逆手にとって「潜入しやすいパリ」でテロが起きたのだが。

ブリュッセルに到着。地下鉄に乗り換えて20分、モレンベーク地区に入った。首謀者アバウドたちの出身地だ。改札を抜けて地上に上がる。「なにこれ、街全体がアラブやん」。道行く女性はスカーフ姿。店の看板はアラビア語。モレンベークは「建物は欧州、住民はアラブ」の街だった。（写真15）

ここは、いわゆる「貧困地区」でアルジェリアやモロッコからの移民が多い。道行く人にアラビア語で「サラーム、アレイコム（こんにちは）」と声をかけると「アレイコム、サラーム」（こんにちは）と返してくれる。陽気で人の良さそうな住民に道を尋ねつつ、目的のパブを探す。モレンベークの下町を抜けると、歴史ある石造りの街並み。古ぼけたアパートが消えて、おしゃれな一軒家が続く。明らかに所得階層

【写真 16】犯人たちが経営していたパブ。ベルギービールの看板がかかっている

が上がっている。地下鉄駅前にたくさんいた「スカーフを巻いた女性」（ほぼイスラム教徒と考えて間違いない）が激減し、街行く人もアラブ系から白人系に変わっていく。そんなレンガと石造りの街角に「そのパブ」があった。（写真16）入り口も窓も閉鎖されていて、玄関には警察が「立ち入り禁止」の張り紙を貼っている。犯人グループのサラ・アブデスラムとブラヒム・アブデスラム兄弟がこのパブを経営していたのだ。Jupilerというベルギービールの看板がかかっている。

はて、いったいこれはどういうことか？　報道では犯人たちは全てイスラム原理主義者ということになっている。しかしイスラム原理主義者というのは、酒など飲まないのである。ましてや人に酒を出す商売などするはずがない。

つまり犯人たちはテロ事件の直前までイスラム原理主義者でもなんでもなく、「普通の若者」だった、ということだ。パブの2階3階は住居になっている。「イスラム原理主義者と決めつけられた若者たち」は酒を飲みながら、ここでテロの計画を練っていたのだ。

ブリュッセルに戻り、鈍行列車で東へ約1時間、リエージュという街へ行く。東京オリンピックの「Tのロゴ」が「リエージュ劇場」のロゴに酷似していて、「盗作だ」と騒がれ、

【写真17】犯人たちはこの刑務所で知り合った。あの塀の向こうで何が起こっていたのだろう

リエージュが一躍有名になったことがあった。今回やってきたのはそのロゴを確認するためではない（苦笑）。

リエージュ駅からタクシーを飛ばす。商店街を抜けると寒々とした一本道、その突き当たりにランタン刑務所がそびえていた。（写真17）5年前、ここに収監されていた首謀者アバウドとパブを経営していたアブデスラム。彼らはこの刑務所で知り合い、ISに感化されて今回の仏同時テロを起こす。刑務所前のバス停には囚人の家族と思しき数名がバスを待っている。中年のおばさんが刑務所に向かって叫んでいる。すると塀の向こうから野太い声で返答が。面会した家族が塀越しに「会話」して名残を惜しんでいるのだ。刑務所内で英語を教えている人と会話できた。「運営は民主的だよ。囚人への拷問などはない。私は英語を教えているが、その他にミシンや木工などを教えるコースがあるよ」。シャバに出てすぐに社会復帰できるよう、刑務所は「民主的に運営」されているそうだ。

ベルギーの若者の失業率は約50％という。当然ながらもともと住んでいた「ベルギー人」よりも「後からやってきたアラブ系移民」に失業者が多く、相対的に貧困に追い込まれている。

「だから若者の犯罪が増えている。新しい囚人がどんどんやってくるので、刑務所は常に満杯。囚人たちは刑期を短縮されてすぐに釈放されていくよ」「へぇー。では囚人たちの『その後のケア』は？」「足輪をして行動を監視する場合が多いんだ」。

えっ、足輪？　ITが進む昨今、驚いたことに「犯罪の再発防止」を目的に、絶対に外れない「足輪」を付けさせる。その「足輪」にはICチップが埋め込まれていて、GPSと連動させ、当局の監視下に置かれるのだ。これは人権問題だとは思うが、今回のパリ同時多発テロの犯人たちには「足輪」

は付いていなかったようだ。

犯人たちはこの刑務所で知り合った。当然、ベルギー当局は犯人の顔写真、指紋、携帯電話の番号、メールアドレスなどを熟知していたはずだ。同時多発なので、テロ事件の直前には、犯人グループは頻繁に連絡を取り合っていたはず。「武器はどこから手に入れたらいいのか?」「バタクラン劇場を襲うのは誰と誰で、サッカー場はこいつ、カフェは…」。首謀者アバウドのメールや携帯電話の履歴から、事前に事件を防ぐことができたのではないか? 実際、トルコは「近日中にパリでテロが起きる可能性」と「その犯人たちの名前」をフランス当局に通知していた。(http://www.infowars.com/confirmed-french-government-knew-extremists-before-attack/) 仏紙リベラシオンもまた、犯人はシリアの「イスラム国」とヨーロッパを往復していて、2014年夏からテロの計画はあった、そしてベルギー警察はその計画を察知していた、と報道している。(http://www.aljazeera.com/news/2015/11/turkey-france-paris-attacker-151116162755424.html)

しかしそのような情報が生かされず、わずか1年で2回目のテロが起きた。

どんよりと曇った空にランタン刑務所がそびえている。寒風が吹き抜け、刑務所の高い壁が見るものを威圧する。

あの塀の向こうで二人は何を話し合ったのか? なぜ真っ当に社会復帰できなかったのか? なぜISの「狂った思想」に染まっていったのか? なぜ警察は未然に防ぐことができなかったのか? それとも、知っていたが何らかの圧力がかかり防ぐことができなかったのか?…。

## 3、「テロとの戦い」の悪循環

**■首謀者の殺害**　パリ取材の最後に、首謀者アバウド（28）の殺害現場に行ってみよう。テロ4日後、彼は潜伏先、パリ郊外サン・ドニ市のアパートで殺害された。11月18日未明、アパートに約100名の警官と兵士が集結。合図とともに警官隊が突入し、アバウドに約5千発の銃弾を浴びせて殺害、一緒にいた、いとこの女性アスナ・アイトブラセンは自爆した。

人間一人の体に5千発の銃弾を浴びせればどうなるか？彼の遺体は激しく損傷し、原型をとどめず、指紋の一致で、彼であることが証明された。

現場のアパートへ。1階が商店で2、3階が住居。全ての商店はシャッターで閉ざされ、住居の窓は覆い隠されている。（写真18）玄関に立ち入り禁止の張り紙があって、鉄柵には「抗議文」が貼り付けられている。曰く「警官の突入とその流れ弾によって住民3人が負傷した。そして全員がアパートから

【写真18】なぜ生きたままの捕獲をしなかったのか？　疑問は膨らむばかり

追い出された。私たち住民に別の住居を補償せよ」。

このアパート自体が封鎖され、住民は追い出されてしまっていたのだ。

これでは中に入れないいし、住民がいないので「当日、何が起きたのか」正確なことがわからない。

「ボンッという音がして、驚いて目を覚ましたの。怖かったわ。まさかこのアパートに犯人が隠れていたなんて知らなかったし、ビックリしたわ」。たまたま通りかかった通行人が（写真19）当時の様子を証言する。

全ての窓がベニア板で封鎖され、誰もいなくなった古アパートを見上げながら、私は確信を持った。

生け捕りにできたはずだ。

100人もの警官と兵士が取り囲んでいたのだ。そしてアバウドもいとこの女性も人質を取っていたわけではない。アバウドに麻酔弾を撃ち込み、眠らせれば「生きたままの捕獲」はたやすかったはず。

「死人に口無し」ということか。

フランス、ベルギー当局が本当に「テロと戦う」のであれば、この人を殺してはダメだ。捕まえて尋問し、「武器はどこから手に入れたのか？」「なぜテロを起こそうと思ったのか？」「ＩＳとはどの

【写真19】「驚いて目を覚ましたわ。まさか犯人がここに隠れていたなんて」 突入は未明のことだった

ように連絡を取っていたのか?」などなどを明らかにして、再発防止に努めることこそ、本当の意味での「テロとの戦い」ではなかったか。

**■報復の空爆**　事件後、オランド大統領は「報復の空爆」を始めた。

そしてフランスのラファール戦闘機は、「売れ筋商品」となった。この評判の悪かった戦闘機は、「テロと戦う有志連合」であるエジプトにも売れ出した。(写真20)米仏に続いて今はロシアが猛烈な空爆を仕掛けているが、ミグ、スホーイといった殺人戦闘機がイラク・シリア上空を飛ばない日はない。米仏露英などの空爆は2年間で1万5千回を数えている。その費用はペンタゴン(米国国防省)の資料から逆算すると、一回約1億円だ。つまり総額1兆5千億円もの「税金」が空爆という名の人殺しに使われたし、今後も使い続けられていく。

「日本は空爆に参加していないから関係ないよ」という人がいるかもしれないが、そうではない。

積極的に「テロとの戦い」を支援すると表明した安倍内閣は、「ISと戦う周辺各国に2億ドルを支

【写真 20】米国だけではない。英仏露の軍産複合体に巨大な利権が転がり込む

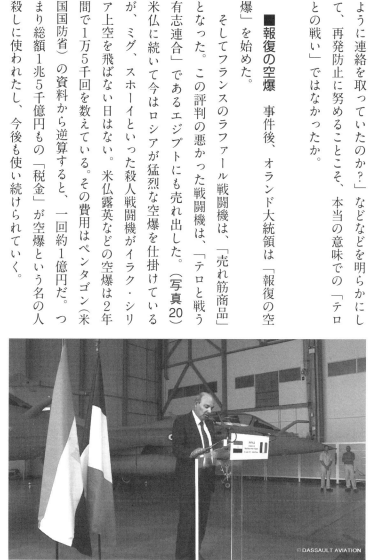

援します」と、金銭的支援を確約しているので、私たちの税金が空爆という名の人殺しに使われてしまっているということになる。みなさんが本書を読んでいただいている今この瞬間にも「テロとの戦い」という名の戦争で、巨額の税金が費消され続けているのだ。

**■ショックドクトリン**　ショックドクトリンという言葉がある。テロや地震など国民にとって頭が真っ白になるほど驚くべき事態が起こった時、人は冷静な判断ができなくなる。権力者はその空白期間をうまく利用して、戦争を拡大させることができる。

２００１年９月11日、アメリカのニューヨークＷＴＣビルに飛行機が突っ込んだ。繰り返し流されるショッキングな映像。人々はパニックになったのち、悲嘆にくれる。アメリカ全土に星条旗がはためき、頭にターバンを巻いた人々が撲殺されるという事件が起きた。ブッシュ大統領（当時）が「これは戦争だ」と叫び、「世界はアメリカにつくのか、テロリストにつくのか」と、戦争協力を迫った。そしてアフガニスタン戦争が始まって、イラク戦争へと続いていった。今となれば「ブッシュは間違った戦争をした」と考える人が圧倒的多数になったが、９１１事件直後、アメリカでは90％もの人々がブッシュを支持してしまったのだ。

「テロとの戦い」とは死の商人にとって便利なフレーズだ。

テロが起きる↓メディアが繰り返し報道する↓恐怖心が植え付けられる↓「ＩＳをやっつけて」という声が大きくなる↓空爆が始まる↓イラク・シリアが廃墟になる↓その画像を見たアラブ系の若者がＩＳに入る↓テロが起きる↓メディアが…。

安易に「テロとの戦い」は正義だから空爆は仕方がない、と信じてしまうと、このような無間地獄につながってしまう。潤うのは武器を売って儲けた人々、そこに眠る石油で商売する人々、そうしたビジネスに投資する金融機関…。

## ■フランスでテロ事件が続く理由

最後に、「なぜフランスでテロ事件が続くのか？」について、私なりの分析をしておきたい。これは中東、北アフリカ、欧州の地図である。（地図1）

第一次世界大戦後、北アフリカのチュニジアやアルジェリア、モロッコなどを支配したのがフランスだ。イギリスは主にインドやパキスタンをその支配下に置いた。だからフランスにはアルジェリア、モロッコ系の移民が多く、イギリスにはパキスタン系の労働者が多い。どちらも敬虔なイスラム教徒が多い国々だが、アルジェリアやモロッコの住民はアラビア語をしゃべる人々、つまりアラブ人で、逆にパキスタンはアラブではない。

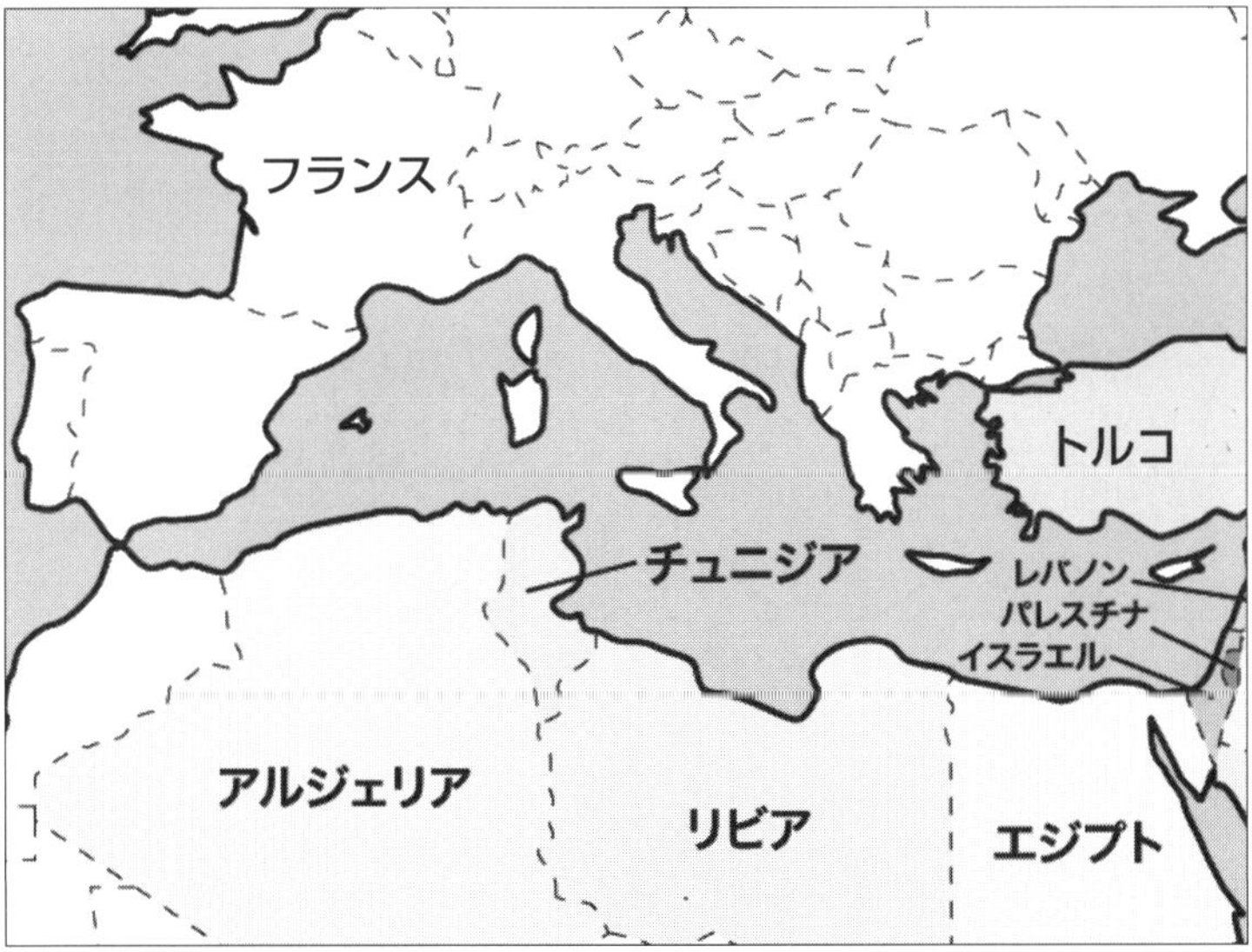


【地図1】フランスが支配したのはチュニジアやアルジェリアなど「アラブの国々」だ

「安価な労働力」としてパリに移住してきたアルジェリア、モロッコ系の移民1世は、差別や偏見もあっただろうが、「パリに住めたこと」に満足する。1900年に開催された万博にあわせて、パリでは地下鉄が開通するが、この地下鉄を作ったのは、アルジェリア系移民だと言われている。フランス社会に溶け込もうと必死に頑張る移民1世たちの姿を見て育ったのが、パリ生まれパリ育ちの移民2世、3世だ。彼らはフランス語のネイティブで、能力もあるのに「アラブ系移民」として差別され「見えない壁」を感じながら、貧困地域で育っていく。

2003年にアメリカが強引にイラクに侵略戦争を始め、さらには2011年からシリア内戦が勃発する。イラクもシリアも住んでいるのは同じアラブ人なので、欧米諸国がいかにひどい戦争をしているか、アラビア語の現地ニュースが連日のようにその悲惨な光景を映し出す。「アメリカは最悪だ。アラブ人を虫けらのように殺しているぞ」。パリのアラブ系移民の間で反米感情が高ま

## ISに参加する若者たち

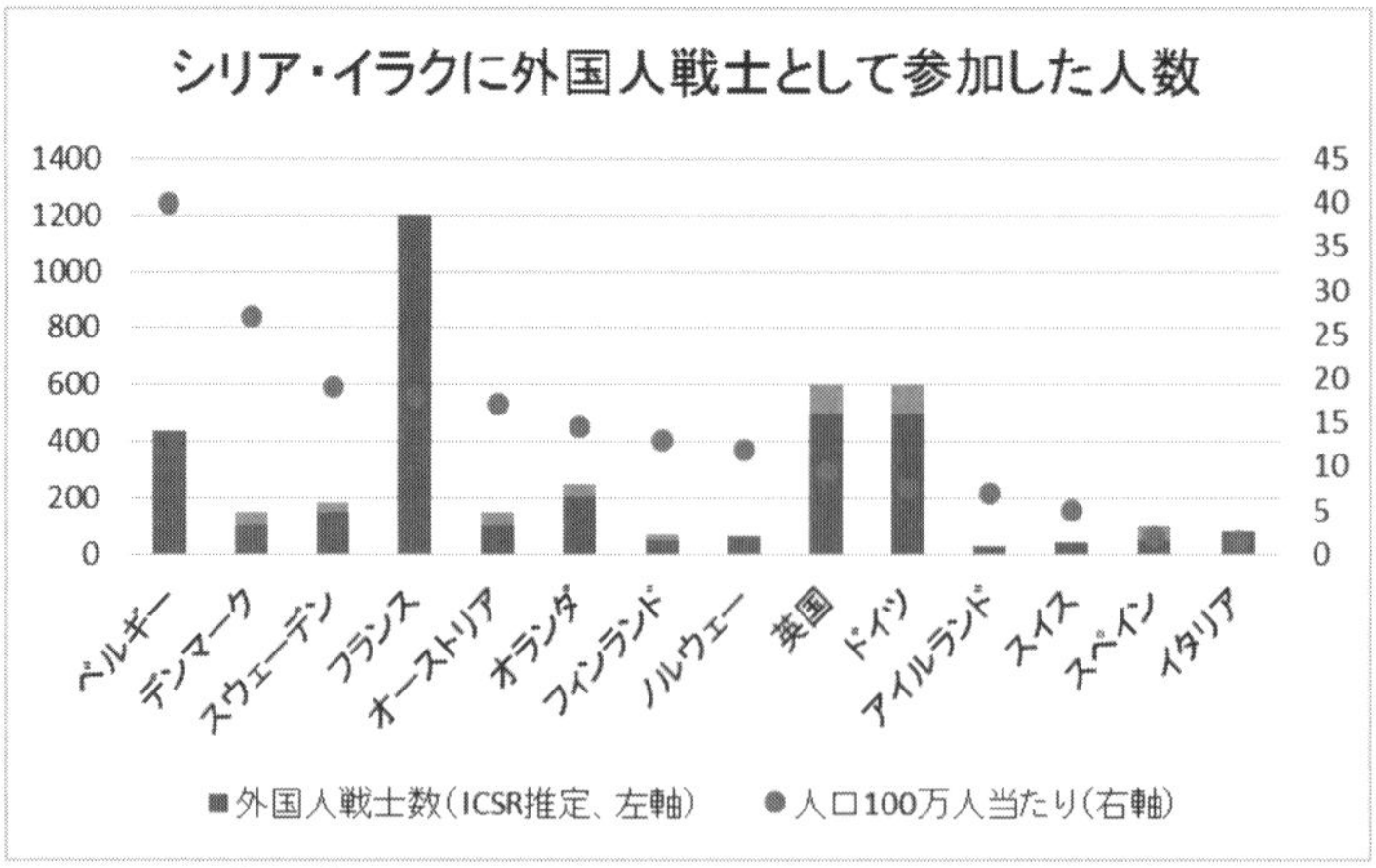


【図2】絶対数でフランス、人口比でベルギーが多い

っていく。一方、パリではリーマンショック後の不況で、仕事がない。移民2世3世は、理不尽な「見えない差別の壁」を感じながら、格差の広がり、貧困に落とし込まれていく。そんな時にインターネットでＩＳがアラビア語で訴える。「欧米のキリスト社会からイスラムを取り戻せ」「堕落したフランス社会をジハードで変革せよ」。

フランスやベルギーでは「この図式」が見事に当てはまって、多くの若者が「シリア聖戦」に参加してしまった。（図2）ＩＳの呼びかけに応えてシリアに入った若者の数は、ヨーロッパでは絶対数でフランスが、人口比ではベルギーが最も多いのだ。

シリア入りした若者たちがそこで学ぶことは、カラシニコフ銃の撃ち方、自爆テロの方法などの「実戦」だ。そしてシリアから帰還して…。

テロが実行に移されたのだ。

一方、同じようにイラクやシリアで空爆を続けるイギリスでは、2005年以来大規模なテロは起きていない。もちろん、イギリスの治安当局が厳しい監視の目を光らせているのだろう。しかしそれだけではない。フランスとイギリスの抱える支配者としての歴史、植民地化した国々の違いなどがテロの事件の背景にあることは間違いない。

本章では、フランス同時多発テロを中心に、『「テロとの戦い」そのものを疑え』と述べた。シャルリー事件同様、同時多発テロも疑問点がたくさんある。しかし世界はそんな疑問を検証することなく、戦争を拡大させている。

次章では、「テロとの戦い」を仕掛けられた側、つまりシリアで何が起こっているのか、について隣国トルコからリポートする。

第2章

# トルコ国境で「シリア内戦」を考える

アサド軍の空爆で大やけど。両親は殺された。祖母と一緒にアパートで暮らす。お金がなくて病院にいけないので、治療は進まない（トルコ・ガジアンテップ 2016年5月）

## 1、国境の町で見たシリア難民

■トルコ・シリア国境の町　「な、なんやこれ？」。緑の大地に巨大なコンクリートの壁が現れた。（写真1）２０１６年2月、私はトルコ・シリア国境の町レイハンリを訪れていた。15年まではこんな壁はなくて、夜になればあの山の向こうのシリア側から、難民がこちら側に逃げてきていた。しかしシリア内戦は6年目を迎え、トルコ国内にシリア難民が溢れてしまった。ちなみに戦争前までレイハンリは人口約10万人の小さな田舎町だったが、今や人口30万人超。つまり地元トルコ人よりシリア難民の方が多数派になっている。「国境に壁を作って入国させない」。トランプ大統領のお株を奪うような政策は、すでにトルコで実行されている。

「今年からトルコ政府が作り始めたんだ」通訳ラジの説明。「イスラエルみたいやね」「そうガザ地区と同じさ」。

トルコ国境警備隊（ジャンダルマ）が壁の周囲でパトロールしている。（写真2）

車を降りて隠し撮り。「早く撮影して！　トルコ軍に捕ま

【写真1】手前がトルコ、向こう側がシリア。これではシリア難民はトルコに逃げて来られない

るよ」。通訳ラジに急かされ、ジャンダルマ（国家憲兵）の目を気にしながら、壁を撮影。

## ■「健康の家」の難民

レイハンリ市内の「健康の家」へ。

壁を作ったトルコ政府は、基本的にはシリア人の入国を認めない。ただ例外があって、戦争で大怪我をした人のみ、人道的に受け入れている。患者たちはトルコの病院で緊急手術を受けて、命だけは助かったものの、このままシリアには戻れない。しかし病院が満杯なので無理やり退院させられる。そんな患者たちのために地元のNGOが「健康の家」を運営している。

ムスタファさん（23）は15年6月、シリアのイドリブ県から逃げてきた。「どうしたの？」と問いかけたら、ボンバー、ボンバー（ヘリからの空爆だよ）と指を回す。アサド軍のヘリコプター攻撃は連日続いている。

【写真2】トルコ軍を隠し撮り。警戒度は桁違いに上がっていた

イブラヒームさん（28）の顔面、両腕にはひどいケロイド、そして左目には白い眼帯。（写真3）「ロシア、ロシア」。イブラヒームさんがか細い声で答えてくれる。２０１５年4月、アレッポの街をバイクで走っていたら、ロシアの戦闘機が見えた。「やばい、逃げよう」。フルスロットルで走るが、当然戦闘機の方が速い。簡単に追いつかれて空爆。バイクが大破してガソリンに引火、全身火の海に

包まれ、気を失った。

「左目はもうダメなんだ。でも右目は手術で助かる。5千ドル（約60万円）だ。しかしその金がないので、このままなら失明する。助けてくれ」。父親が私のカメラの前で懇願する。そんな会話をしていたら嗚咽《おえつ》が漏れ出す。彼の慟哭《どうこく》が室内に響く。アレッポにはまだ妻と子どもがいる。子どもはまだ生後8ヶ月。妻が妊娠中に空爆されたので、彼はまだ一度も子どもの姿を見ていないのだ。このまま右目を放置すれば、彼は一生、子どもを見ることができない。何とかしてあげたいな…。

「タル爆弾」で焼かれたファーディー君（8）がベッドに横たわっている。（写真4）アサド軍はドラム缶にガソリンや鉄釘などを詰めて、ヘリコプターから落としていく。ドラム缶が落ちた地上は半径数10メートルが火の海だ。兵士だけではなく、明らかにすべての住民をターゲットにした戦争犯罪だ。本来なら国際社会が激しく批判すべき事案だが、ロシアの後ろ盾があって、アサド軍はそれほど厳しい非難を受けていない。

アハマドさん（44）はシリア西部の町ラタキアから逃げてきた。2015年11月、ロシアのスホーイ戦闘機が彼の

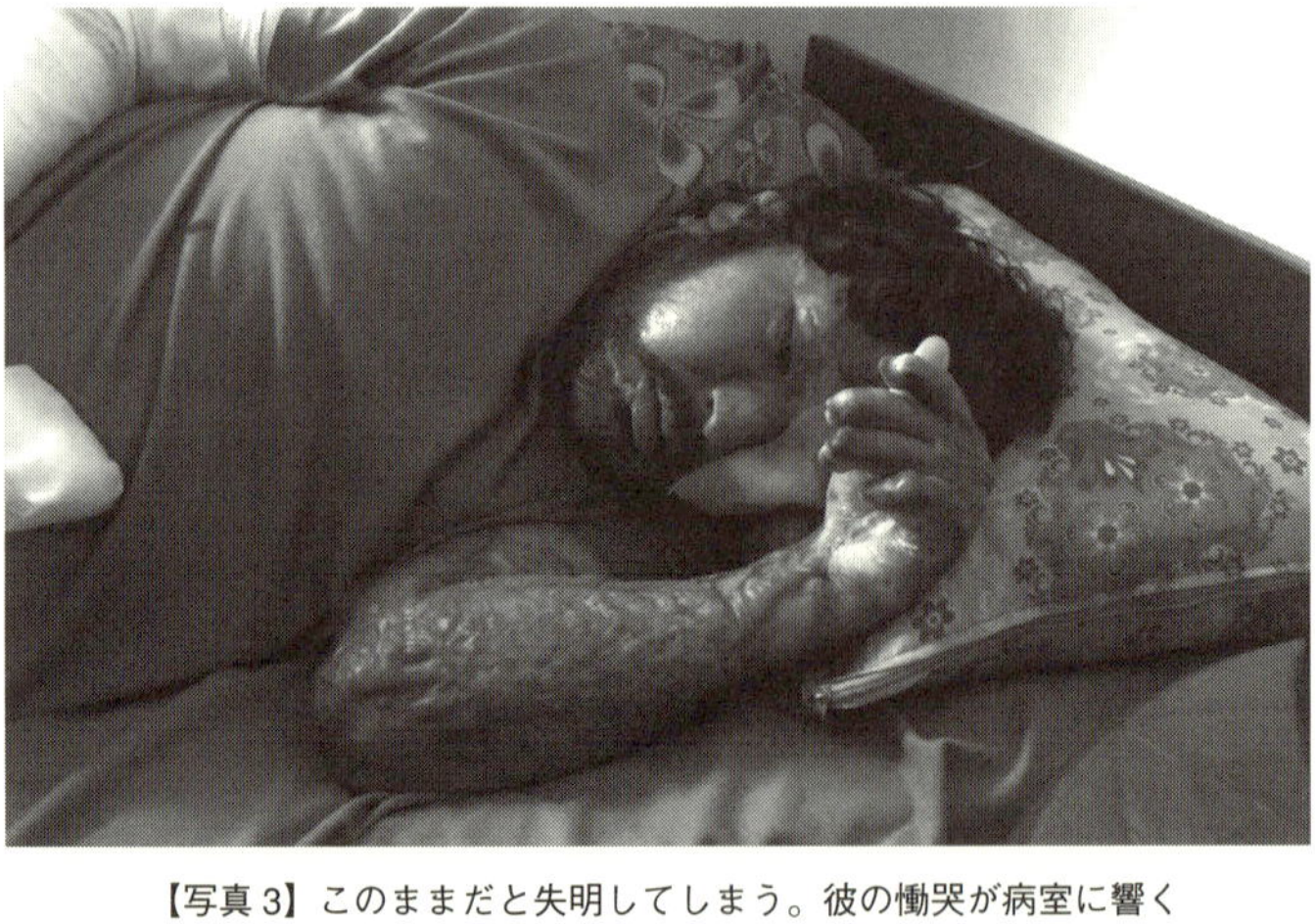

【写真3】このままだと失明してしまう。彼の慟哭が病室に響く

町を空爆。一発のミサイルで17人が死亡、30人が負傷した。アハマドさんは英語をしゃべるので通訳なしでインタビュー。「兵士、市民の区別なく、すべてのシリア人が殺されるんだ。ロシアは女性、子ども、老人を皆殺しにしているよ」。

左足を失ったアハマドさんの後ろに、やはり足に大怪我を負った妻のナディアさん（40）がいる。「子どももいるの」「いないよ」。シリアでこの年齢まで子どもがいない夫婦は珍しい。（写真5）

「俺たちは新婚なんだ」「えっ？ そうなの」「昨年7月に結婚した、でも11月に空爆された」。幸せだったのはわずか4ヶ月。「Heaven To Hell（天国から地獄だよ）」。アハマドさんが寂しそうに微笑む。

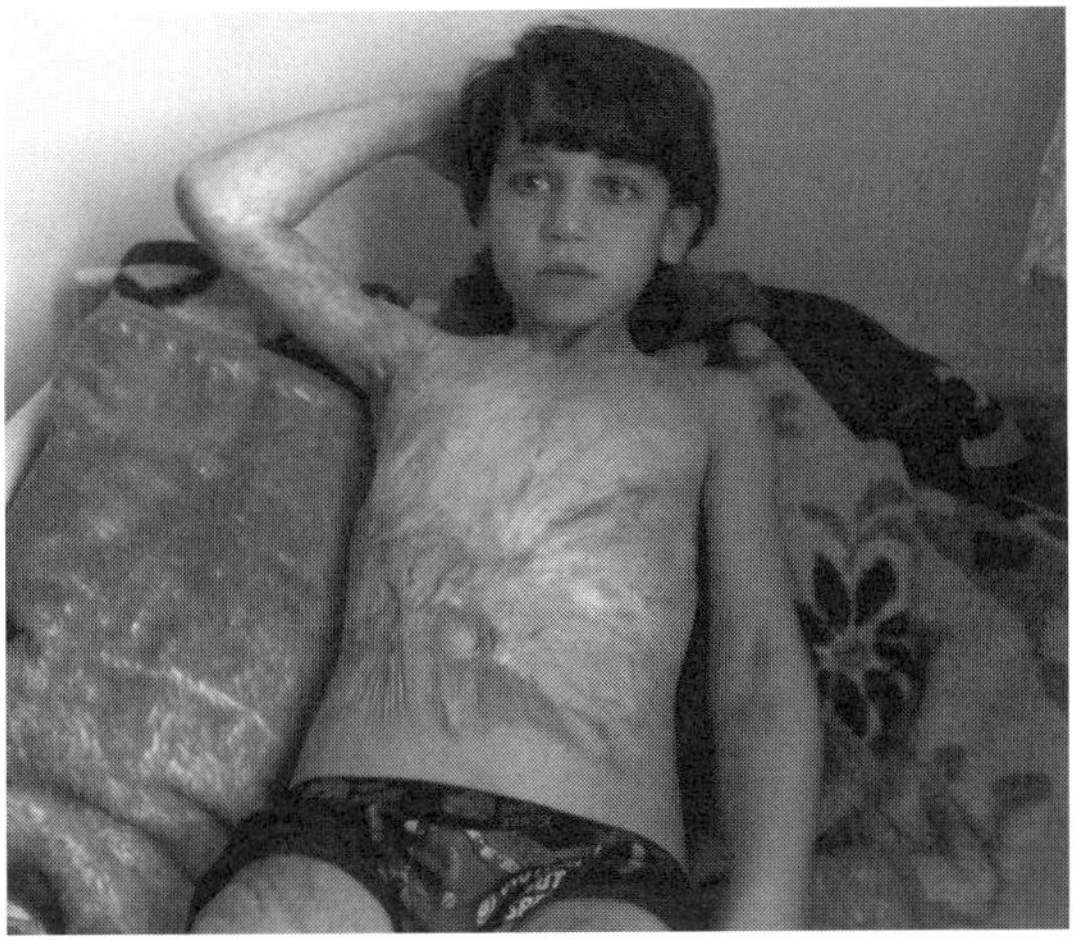

【写真4】アサド軍のタル爆弾で焼かれた。無差別殺戮だ

【写真5】新婚ほやほやだったのに…

### ■レイハンリ市民病院で

レイハンリから国道を車で30分ほど西へ走

ると、そこはもうシリアとの国境である。

小型カメラで国境を隠し撮り。15年までは国境には人道支援物資を運ぶ大型トラックが数キロに渡って長蛇の列を作っていたが、いまは皆無。14年1月に隠し撮りした国境（**写真6上下**）と見比べてほしい。この間、決死の覚悟で人道支援物資を運ぶトラックをロシアが「誤爆」したこともあった。「キャンプではテントが足らなくて雪が降る中、野宿しているよ。凍死、餓死、病死。シリアは地獄になったんだ」。通訳のラジが支援の必要性を訴える。

レイハンリ市民病院へ。病院付属の薬局で粉ミルクと風邪薬を購入し、トラックに積み込む。アレッポでは食料にも事欠くので、母乳が出なくなれば赤ちゃんは栄養失調で死んでしまう。だから今回は援助物資の大半は粉ミルクにした。「アレッポまで無事に届けてくれよ」運転手と固い握手を交わしていたら、薬剤師が血相を変えてやってくる。

【写真6上】16年2月、トラックは消えていた
【写真6下】14年1月、人道支援のトラックが連なっていた

「日本から来たジャーナリストだろ？　この人を撮影してくれ」。薬剤師の後をついて、病院の廊下へ。

ムハーシン・ケービさん（50）が瀕死の重傷で横たわっている。（写真7）全身大やけど、顔面の皮膚はすべて焼けただれ、まぶたもまつげも無くなった眼球だけがギョロリと動く。1ヶ月半前、アレッポの自宅がロシア軍に空爆された。娘2人が死亡、10名が重軽傷を負った。全身大やけどのケービさんは救急車でトルコ・アダナ市のやけど専門病院に緊急搬送された。それから1ヶ月半。懸命の治療と生命力でなんとか命だけはつながった。ところが…。

「もう治療は終わった。病院はホテルではない。退院してシリアに帰れ」。病院がケービさんの家族に宣告。ケービさんはアダナ市からこのレイハンリ市民病院まで救急車で運ばれてきた。今からここで救急車を乗り換えてアレッポに送り返される。

「えー、この状態でシリアに？」。確かにトルコの病院はシリアの重傷患者であふれている。ベッドは満床、後から後から患者が運び込まれてくる。その状況は理解できる。しかしこの状態でこの女性をアレッポに戻せば、1ヶ月ともたないだろう。死刑宣告に等しい退

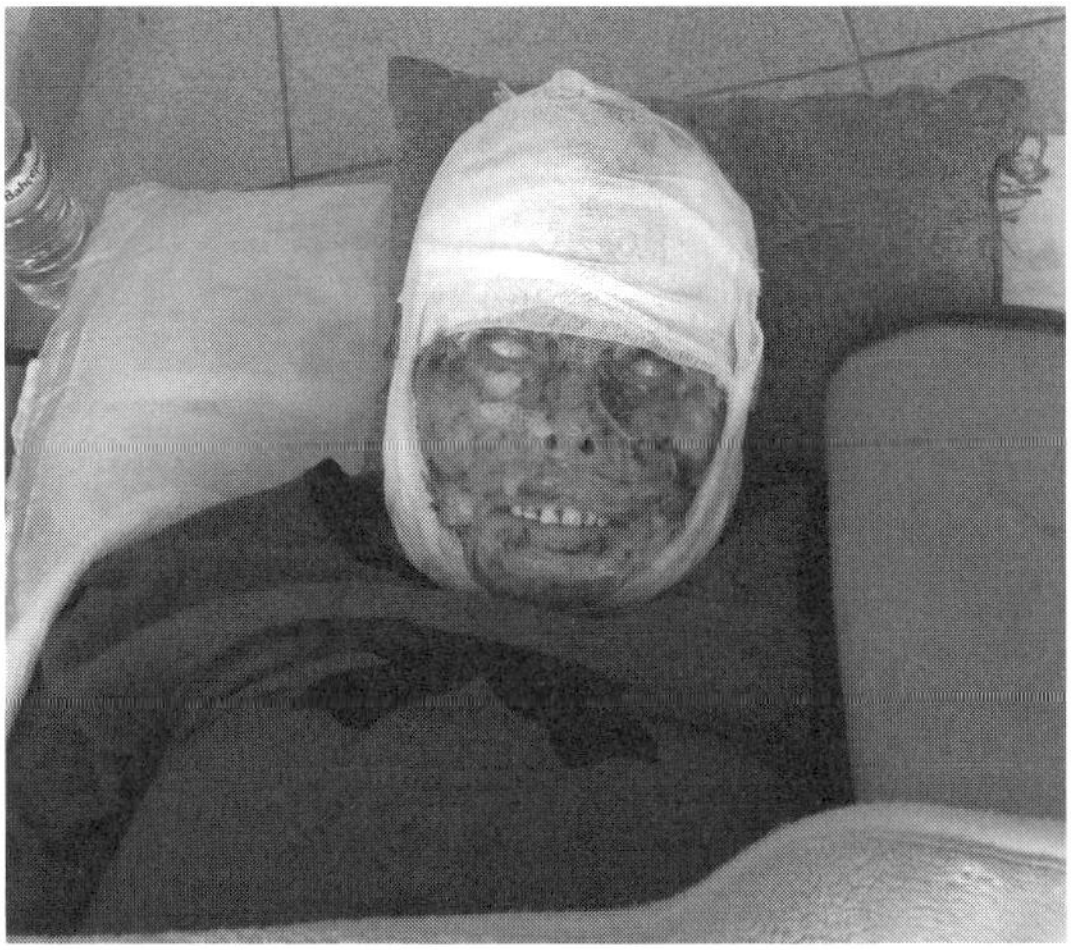

【写真7】この状態でアレッポへ送り返される。
いくら病室が満杯といっても…

院の強制と移送。彼女はこの日の夕方、アレッポに戻されていった。

## ■シリア難民の小学校

市民病院を後にして、レイハンリの街を車で移動する。空き倉庫、空き店舗のほとんどにシリア難民が住み着いている。難民の中には夫を失った母子家庭が多い。そんな空き倉庫の一室へ。部屋に入るといきなり牛馬の匂い。牛を飼っているのかな、と思ったが、匂いの正体は「拾ってきたゴミとマキ」だった。ガスが来ていないので、ゴミやマキで調理する。電気は?「電気は通っているのですが、電球を買うお金がなくて」。2年前、夫を空爆で失ったファーディラさん(29)がインタビューに答えてくれる。(写真8)「子どもが5人います。トルコには頼るべき親戚がいないので、私が農場で働きます。1日働いて20トルコリラ(約600円)。でも雨が降ると仕事がありません」。難民で、母子家庭、その上に失業中。5人の子どもたちの将来を案じる。

空き店舗群を通り抜けると、シリア難民のための小学校があった。授業は午前、午後の2部制。私が教室に入ると「アレイコムサラーム(こんにちは)」と大きな声で迎えて

【写真8】夫を失い、母子家庭になった難民が多い。
はたして子どもたちを養っていけるのか?

くれる。28人の生徒に尋ねる。「両親やきょうだいを戦争で失った人、挙手してください」。バラバラと23名の子どもたちが手を挙げる。28人中23名、82％が親族を失っている。別の教室でも試したところ15人中11人、73％だった。虐殺の一端が垣間見える。（グラビア3頁）

いったい、いつまで地獄が続くのか。希望の見えない難民取材を終えて、私はいったん帰国することにした。

## 2、空爆こそテロなのではないか

2016年4月、トルコから嬉しいメールが届いた。日本からの支援金を届けたので、イブラヒーム青年の緊急手術が行われ右目が見えるようになったのだ。「日本のみなさん、ありがとうございます」恥ずかしそうに感謝の言葉を述べる彼の動画が添付されていた。（写真9）目が見えるので、「健康の家」の仲間たちと一緒に外出する彼の姿もあった。慟哭していた彼に笑顔が戻っている。粉ミルクが無事にアレッポに届いた写真も添付されていた。粉々に破壊されたビルの前で兄弟と思われる子どもが2人、笑顔で写っている。（グラ

【写真9】日本のみなさんありがとう。照れながら感謝の言葉を述べていた

ビア3頁）しかしメールには「支援物資が足らない。引き続き支援を」とあった。私は5月に再びトルコに入ることにした。

■中古団地の難民たち　2016年5月11日、トルコ南部のガジアンテップに到着。ガジアンテップはトルコ南部最大の都市でシリアとの国境の街。たくさんの難民が押し寄せている。

ガジアンテップの新市街、ガジケーン地区を訪問する。ここは中古団地が密集するかつてのニュータウンで、この団地群の一角に難民たち約1千人が息を潜めるようにして生活している。なぜ密かに生活しているかというと、あまりにも大量の難民がトルコに押し寄せてきたため、トルコ政府と人々の間に「これ以上の難民は受け入れない」「難民をシリアへ追い返せ」という「暗黙のプレッシャー」があるからだ。団地の一階がかつての店舗で、難民は1階に住み着いている。2階以上はトルコ人が居住していて、「2階から上は撮影するな」と難民が私に注意する。（写真10）

【写真 10】団地の1階、空き店舗にシリア難民が住み着いている

そんな団地の一部屋にお邪魔する。カーテンで間仕切りしてはいるものの、プライバシーはほぼゼロ。家賃は500リラ（約1万5千円）かかるし、光熱水費は別払い。難民だから、と安くなるわけではない。

団地の十字路で赤ピーマンやシシトウの皮をむくおばさんがいる。アイジャさん（50）は3ヶ月前にアレッポから逃げてきた。（写真11）夫は空爆で殺された。毎朝レストランの食べ残し、食品スーパーの廃棄物をもらってきては、ここで簡単な調理をして、近隣の難民たちと分かち合う。

フセイン・アソースさん（24）（写真12）はその日、ケガ人を車に乗せて病院へと急いでいた。アレッポの空爆は日常茶飯事。近隣住民が助け合わないと生き残れない。前方にアサド軍の飛行機が見えた。飛行機からの

【写真 11】賞味期限切れ、レストランの食べ残しなどを調理して、分かち合う

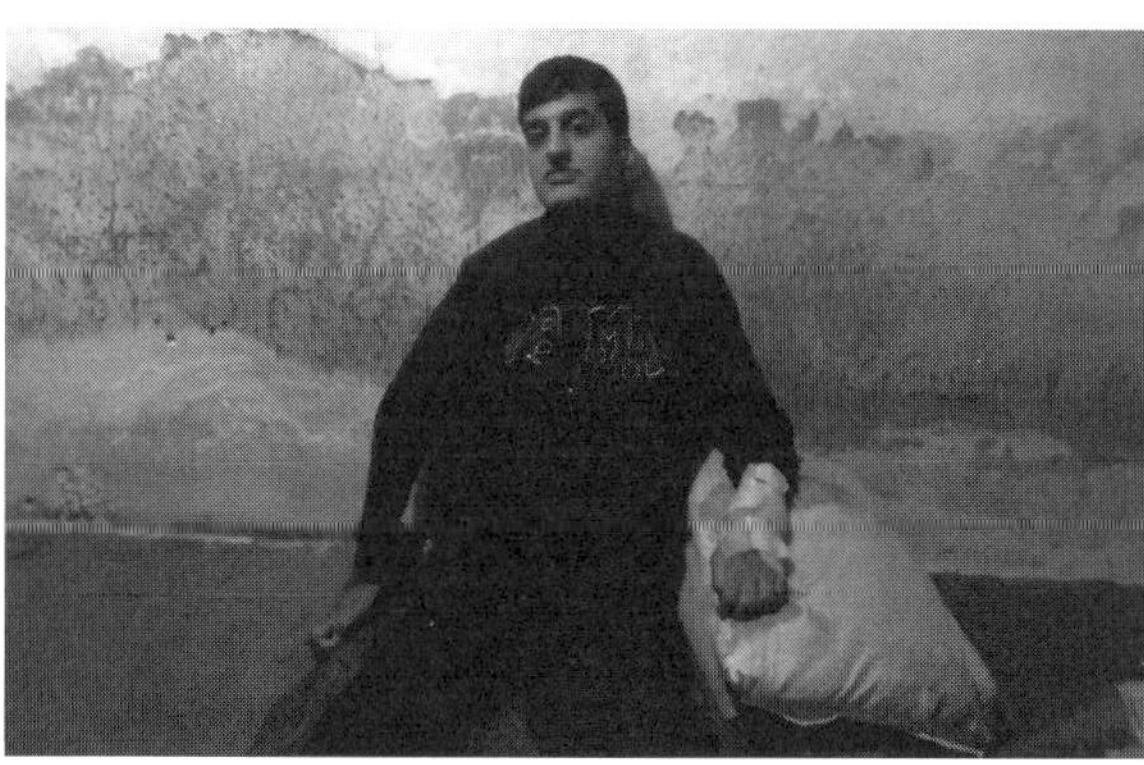
【写真 12】体を動かす自由も、婚約者も失った。暗い部屋の片隅で退屈な日々を過ごす

ミサイルが道路脇のビルに命中した。ビルの破片が車めがけて猛スピードで飛んでくる。アソースさんの記憶はそこで途切れる。気がつけばトルコの病院。破片が背中に突き刺さり下半身不随、両腕もただ上下に動かせるのみ。スプーンも握れず、何をするにも介護が必要だ。彼にはフィアンセがいて1週間後に結婚式の予定だった。アレッポに残ったフィアンセは連絡先を告げずに去っていった。以来、彼は母親と弟の介護なしには生活できなくなってしまった。

「この子が『死にたい』と叫ぶ時は、背中をさすってやりました。テレビをつけて気分を紛らわせ、時にはコーランを読んで生きる希望を与えました。顔に毛布がかぶさった時は、毛布をよけてあげました。この1年半、私たちは地獄の日々を送ってきたのです」母親の目から涙があふれる。

空爆についてあらためて考えさせられる。確かにアサド軍だけが人を殺しているのではない。反政府の自由シリア軍もＩＳもたくさんの人を殺害してきた。

しかし空爆は「殺害する人数、不幸にたたき落とす家族数」を圧倒的に高めていく。米露仏などの空爆も同様。「空爆こそテロ」なのだと思う。

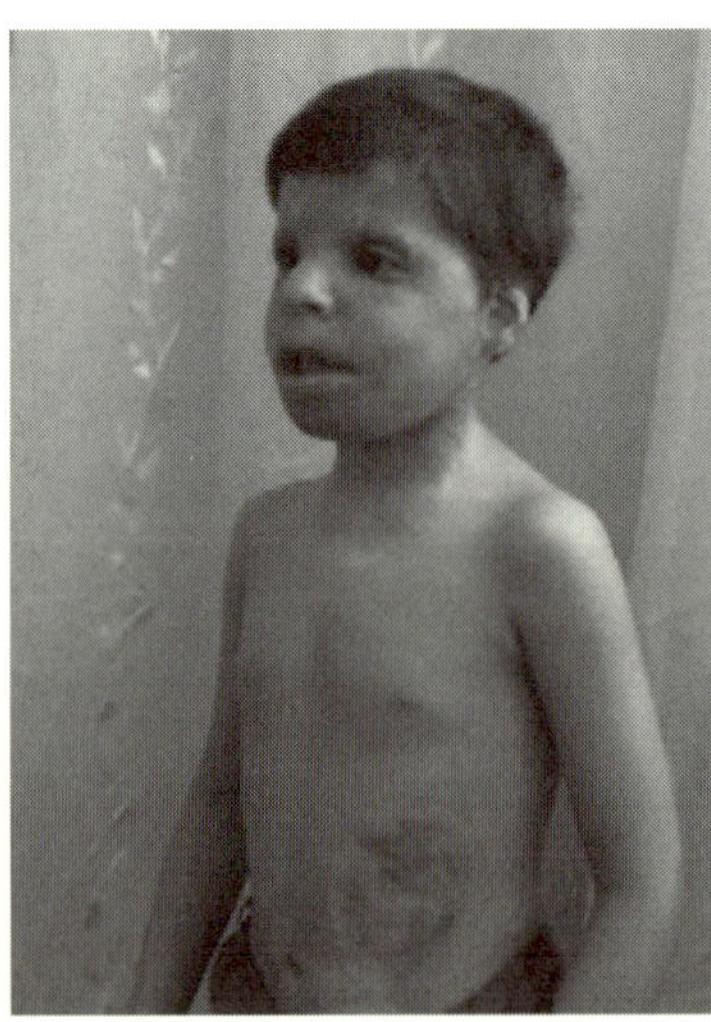

【写真12】
イスマイル君。お尻やお腹の皮膚を顔面に移植した。手術費が底をついたので治療はここでストップ。下は空爆前の写真

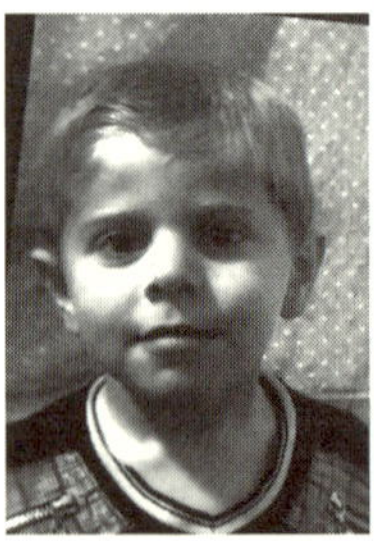

**■空爆で孤児になった姉弟**　ガジアンテップのホーシクール地区でイスマイル君（10）とリムさん（12）の姉弟と出会った。（写真12、13）2人はシリア北部、国境の街アザーズでアサド軍に空爆された。私は13年3月にそのアザーズを取材したことがある。あの頃のアザーズは自由シリア軍が支配していたが、街は徹底的に破壊されていた。その後、アザーズはISに奪われた。「IS支配地域」への空爆は国際的に非難されることはない。だからこの2年間、アザーズはアサド軍とロシア軍による猛烈な空爆にさらされてきた。兵士だった父はすでに死亡していた。自宅には母と3人。母子家庭になったので、母親は玄関の門扉を補強した。外敵から身を守りたい、子どもの安全を願う母の愛だった。

戦闘機からの銃弾が自宅の2階に命中した。母親は子どものためにストーブをつけていた。あっという間に炎につつまれる母子。近隣の人々が駆けつけてきて外から門扉をこじ開ける。しかし開かない。5分、10分…ようやく門扉が開き、炎に包まれた姉弟が救出された。母親はすでに亡くなっていた。すぐにトルコ・アダナ市の「やけど専門救急病院」に搬送された。1ヶ月後、リムさんが目覚めた時、彼女の顔面は焼けただれ、喉には気管切開

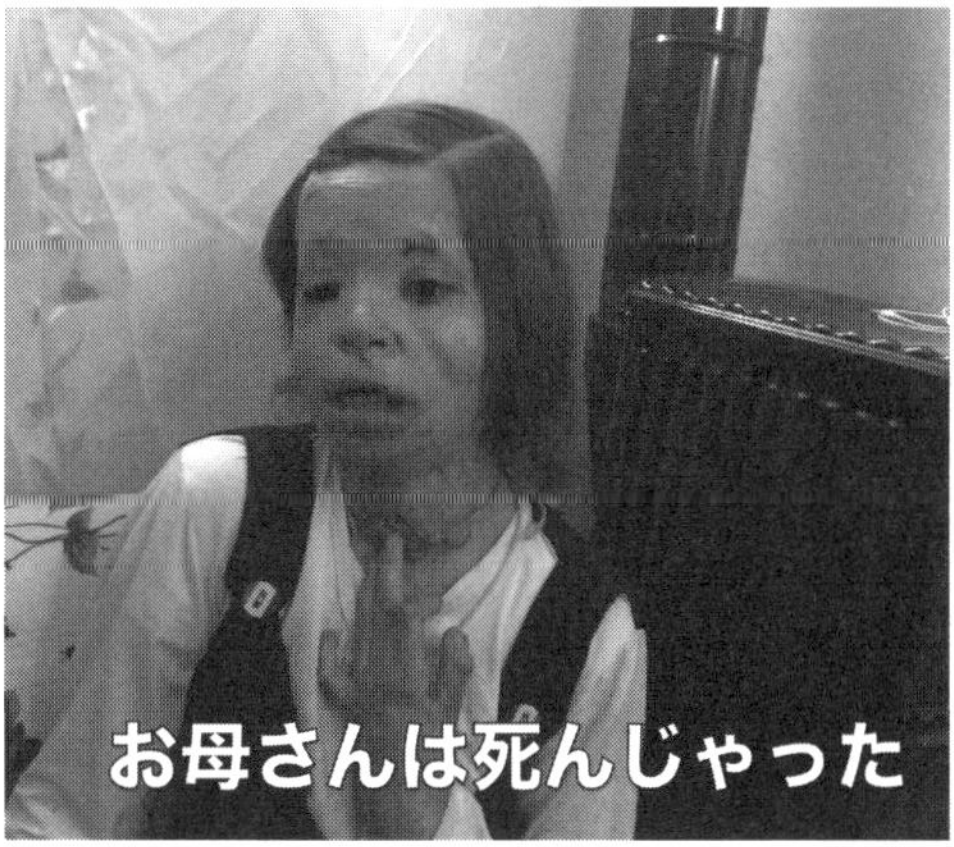

【写真13】
リムさん。やけどで唇が癒合したので喉に穴を開けた。しゃべるときは指で穴を塞がねばならない。下は空爆前の写真

で大きな穴が空いていた。

孤児になった姉弟は、祖母が住むこのアパートにやってきた。

「右耳は焼けてなくなったの。目は見えるけど、まだ手術が必要だと言われたわ」。リムさんは喉の穴に指を置いてしゃべる。そうしないと息が漏れて言葉にならないのだ。

アサド政権はロシアのプーチン大統領に守られて今のところ安泰だ。しかし人々の間に「虐殺の記憶」は残る。彼女のやけどが何よりの証拠。戦争は人を狂わせる。そうならないように外交で解決するのが大統領の仕事だったはず。アサド大統領は世襲で政権を受け継いだ。苦労せずに大統領の座に上り詰め、周囲はイエスマンばかり。これでは傷ついた人の痛みや悲しみはわからない。北朝鮮も日本も世襲という点では同じだ。「権力が世襲で受け継がれる」ことの危うさを感じる。

**■難民居住区の子どもたち**　ガジアンテップから車を飛ばすこと3時間、シャンリウルファへ。このシャンリ

【写真14】もう3年も学校に行っていない。トルコ語とアラビア語は全く違う

ウルファこそ、ＩＳの「首都」ラッカに一番近いトルコの主要都市。ここからＩＳ支配地域までわずか数キロ。ハヤテ・ハヤーン地区は一目でわかる「難民居住区」だ。かつて、ここは商店街だったので、空き店舗、空き倉庫に難民が住み着いているのだ。子どもたちが所在なさげに道路に座り込んでいる。ＩＳからここに逃げてきて３年、学校には行けていない。

ビデオカメラが珍しいのか、子どもたちが寄ってくる。（写真14）「アラビア語の読み書きできる？」「はーい」全員が手を挙げる。「ではトルコ語は？」「わからない」。みんな首を振る。シリアはアラビア語だが、トルコはトルコ語。このまま学校に行けずにトルコでの生活が続けば、この子たちは社会から排除されてしまうだろう。

サッカーボールを蹴って遊んでいるアリーくん（12）は平日、午前４時からゴミ拾いを始め、午後６時まで働く。たまたま訪問日が日曜だったので、ここで遊んでいたのだ。「学校に行きたいやろ？」「行きたくない」「なんで？」「僕が仕事をしないと家族が困るから」。（写真15）

【写真 15】「僕が仕事をしないと」アリー君は学校に行くことをあきらめている

トルコではシリア難民に仕事を奪われた人々の不満が高まっている。だから難民たちの多くは仕事に就けなくなった。これが子どもなら大目に見てもらえる。だから親は働かずに自宅にこもり、子どもを働かせている家庭が多い。アリーくんはこのままここでゴミを拾い続けるのだろうか。

## 3、難民を支えるNGO施設で

### ■シリア難民の生活と健康を支えるNGO

シャンリウルファの下町に事務所を構えるブニヤン・ソサエティーへ。ここはシリア難民の生活と健康を支えるNGO組織である。

ブニヤン・ソサエティーの2階はリハビリ施設になっていて、戦争で傷ついた人々が義足での歩行訓練や指を失った手のひらで物をつかむ訓練などを行っている。1階は居住施設になっていて、午前中は病院へ。午後はただここで時間を過ごしている。カーシムさん（29）はデリゾールというIS支配地域から逃げてきた。（写真16）ユーフラテス川沿いのデリゾールの街は、ISの「首都」ラッカにも近く、今ものすごい戦闘が続いているところ。アサド軍の戦車がやってきた。デリゾールは空からは米露の空爆、地上ではアサド軍の戦車と銃撃。住民たちは簡単に殺されていく。カーシムさんの自宅に戦車砲

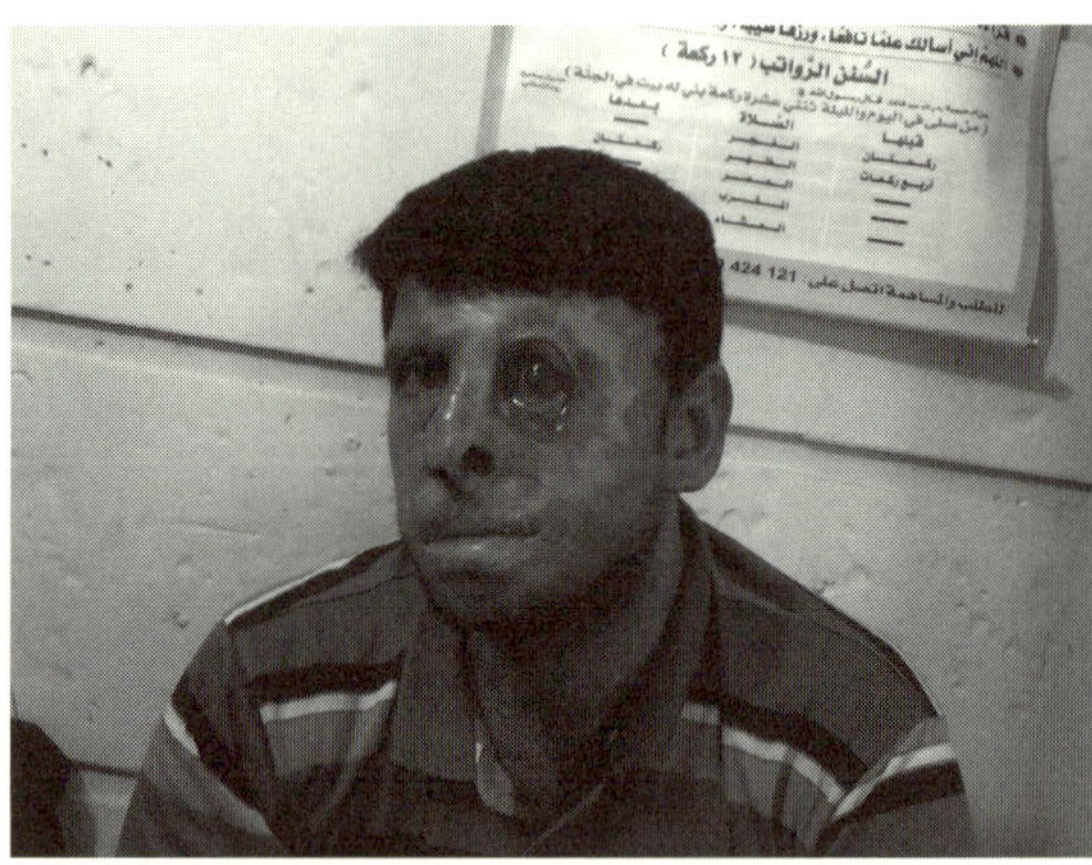

【写真16】戦車砲で焼かれた。まぶたがないので涙が止まらず滴り落ちていた

が飛び込んできた。猛烈な炎に包まれたカーシムさんの記憶は、ここで途切れる。気が付いたら病院のベッドの上。10ヶ月入院して、ここに移送されて2ヶ月。まだまだ手術が必要な重症患者、本当なら入院していなければならないが、トルコの病院は患者でいっぱい。強制的に退院させられてこの施設に送られてきた。

ブニヤン・ソサエティーのムサンナ医師と市場へ行って支援物資の買い出し。シャンリウルファの夏は暑い。リクエストは扇風機だった。その他、小麦、砂糖、大豆などをトラックに詰め込む。

「日本のみなさん、ありがとうございます。いままで扇風機を送ってくれた団体はなかった。日本が初めて。本当に感謝しています」。ムサンナ医師の挨拶をビデオに撮影。その後、扇風機を持ってアリーくんたちが住むハヤテハヤーン地区へ。ムサンナ医師と一緒に扇風機を密かに配り始める。大々的に配ったら、「俺も私も」とパニックになるのだ。

「日本のみなさん、ありがとう。難民になってこんなに嬉しいことは初めてよ」。扇風機を手にした

【写真 17】「こんなに嬉しいこと初めてよ」扇風機は一番欲しかったものだった

お姉さんがウインク。よかった、一番欲しいものが届いたみたいだ。（写真17）

## ■その後のシリア

以上が２０１６年の2月と5月時点でのシリア難民の現状だ。この後、シリアはどうなっていったか？

２０１６年12月、最大の激戦地だったアレッポはアサド軍の手に落ちた。これ以上戦う意思のない者は、国連が用意したバスでトルコへと逃れた。シリアに居残って最後まで戦うことを選んだ人々は、隣のイドリブ県に逃げて最後の玉砕戦に突入する見込みだ。アサド軍とロシアが勝って、反政府軍が敗北する。市民を毒ガスで殺害し、ドラム缶にガソリンを詰め込んだ「タル爆弾」で子どもたちを焼き尽くした側が、「勝利」する。

ロシア軍がアレッポの人々を殺戮していた12月15日に、プーチン大統領が日本の山口県までやってきて、安倍首相と温泉につかった。会合に3時間も遅れたのは、まさにこのシリア問題でトルコのエルドアン大統領と電話会談していたからだった。「ウラジミール」「君」と呼びかけながら、談笑するプーチン大統領と安倍首相。シリアの人々はこの光景をどんな思いで見つめていただろう。

そしてシリアの内戦は7年目に突入する。

この内戦はなぜ終わらないのだろうか、なぜ誰も止めないのだろうか。次章ではこの「なぜ」を解明したい。

第3章

# 戦争はなぜ始まり、どう伝えられるのか

戦争は大量の武器を消費する。カダフィー大佐は自らを守るため、欧米の武器を大量に購入していた（リビア・ミスラタ　2011 年 5 月）

前章は「シリア内戦はなぜ終わらないのか?」「なぜ誰も止めないのか?」という疑問で終わった。この疑問を一般化すれば「なぜ戦争が起きてしまうのか?」「一度勃発した戦争が、なかなか終わらないのはなぜか?」ということになる。

私は学生時代、「戦争はなぜ起こるのか?」という本質的な疑問を自分に問いかけたことはなかった。というか、そんな疑問すら思い浮かばなかった。平和な日本で生まれた私は、いわゆる「平和ボケ」していた。社会人になって、カンボジア、旧ユーゴ、アフガニスタン、イラク、シリアなどを訪問した。紛争地の惨状を目の当たりにして、ようやく「戦争はなぜ起こるのか?」という疑問にたどり着いた。考えてみれば、この疑問は極めて重要だ。「戦争よ、なくなれ!」と念じていても戦争は続く。戦争を止めるには、その原因を調査しなければならない。例えば、昔は不治の病と言われていた、がん。「なぜ人間はがんという病気になるのか」を医学的に調査して原因を突き止めてきたからこそ、治療が可能になっている。同じく、戦争を止めるためには、戦争の原因を調査し、その大元から断ち切っていくしかない。

## 1、なぜ戦争は起こるのだろう

### ■宗教の違い? 領土問題?

では、なぜ戦争が起こるのだろうか?

イスラム教徒とキリスト教徒がいがみ合っているからか? おそらくこれは違う。序章で見たように宗教対立は、時々の支配者がその地域を支配するために利用したものだ。宗教が違うという理由だけで人は殺し合わない。

ここに一つの島がある。この島がA国とB国のほぼ中間に位置している。だからこの島の領有権をめぐってA国とB国が戦争を始める、と「解説」する人がいる。

しかしこれも違うと思う。この島がどちらの国のものか、戦争で決めてはいけない。なんのために外交があるのか？　話し合いで決着するのが21世紀に生きる私たちの責任であるし、話し合いで解決できなければ、当面、この島は「どちらのものでもない」、つまり保留にしておけば済む話だ。戦争などする必要は全くない。

では戦争はなぜ起こるのか？

それはズバリ「戦争が儲かるから」。

世界には「戦争で儲けたい勢力」がいて、その勢力が「宗教」や「領土」といった口実を使って戦争を正当化していく。戦争の本質は「金儲け」だ。ミサイルや戦車、戦闘機は世界中が平和になったら、売れない。世界のどこかで紛争が続いてくれたら…、悲惨なテロが起きて、世論が「テロとの戦い」を支持してくれたら…。あるいは北朝鮮などの国がミサイルを数発打ち上げてくれたら…。核兵器、軍艦、ミサイル防衛システムなどなどで商売が可能なのだ。

**■スカッドミサイル**　これは2013年3月にアレッポで撮影した写真。（写真1）1週間前にロシア製のスカッドミサイルが団地に飛んできて、団地を棟ごと破壊している。一発のミサイルは約

150名の人々を殺傷した。ブルドーザーが瓦礫を道路の両端にさばいて、人と車が通れるようにしていた。それほど大規模な空爆だ。瓦礫の下にはまだ遺体が埋まっている。現場には人々の生活が残されていた。深夜3時15分で止まった時計、その日の新聞、テーブルクロス、かわいい女の子の人形…。

スカッドミサイルは首都ダマスカスから飛んできた。アレッポとダマスカスは350キロ以上離れている。しかしミサイルは正確にこの団地に命中する。

なぜ？　ミサイルは宇宙の人工衛星によってコントロールされ、狙った地図上にピンポイントで当たってしまうのだ。ではアサド軍はなぜこの団地を狙ったのか？答えはこの団地に自由シリア軍の幹部が住んでいたから。

ではなぜその事実がアサド軍に？

シリア内戦は「スパイ合戦」の様相を呈している。自由シリア軍に近づいてきたアサド軍のスパイが、幹部の携帯電話の番号をつかんだのだ。携帯電話の番号がわかれば、そこから位置情報がつかめる。位置情報さえつかめれば、ダマスカスからでもモスクワからでも（飛距離さえ届けば）ピンポイントで空爆できる。で、その幹部を殺すためにその他

【写真1】スカッドミサイルが団地に飛んできた。約150名が殺害された

150名の市民まで巻き添えにされる。これが現代の戦争だ。

スカッドミサイルは一発、数千万円はするだろう。それをコントロールする人工衛星、コンピューターシステム、ミサイル発射機。ミサイルは海から打たれる場合が多いので、その場合は空母や潜水艦…。つまり一回の空爆で1億円もの大金が消えていく。それらは「テロとの戦い」で有志連合を組む国々の税金だ。「死の商人」にとってはたまらなくおいしい商売となる。

だから私たちは「戦争と原発は背後に莫大な利権を抱えているので、ウソで始まる場合が多い」という事実を肝に銘じておかねばならない。「死の商人」たちは莫大な金でメディア、特にテレビを支配するので、戦争前にメディアを使ってウソをつき、国民を騙してでも戦争に駆り立てる場合があるのだ。2003年から始まったイラク戦争は「イラクが大量破壊兵器を持っている」というウソが根拠となった[注1]。戦争前は「フセインはアルカイダとつながっている」というウソも繰り返しメディアで流された[注2]。歴史を遡ればベトナム戦争時の「トンキン湾事件」も米軍のウソだった[注3]。

注1 http://www.afpbb.com/articles/-/2785653
注2 http://mail.jcp.or.jp/akahata/aik4/2006-09-10/2006091001_02_0.html
注3 https://ja.wikipedia.org/wiki/%E3%83%88%E3%83%B3%E3%82%AD%E3%83%B3%E6%B9%BE%E4%BA%8B%E4%BB%B6

## 2、「不都合な真実」を伝えないメディア

### ■肝心なニュースは伝えない

ウソだけではない。頻繁に行われるのが「どうでもいいニュースを

長々と報道して、肝心なニュースは伝えない」手法だ。

例えば甘利明氏という安倍政権中枢の大臣が、千葉県の建設会社から大変わかりやすい賄賂をもらったという事実が発覚して、2016年1月28日にTPP担当大臣を辞職した。これは安倍内閣にとって政権が吹き飛ぶくらいの一大スキャンダルだ。しかし甘利大臣が辞職したその数日後に、元巨人の清原和博選手が麻薬使用で逮捕された。甘利大臣のことを報道していた新聞テレビは一転して清原選手の麻薬疑惑で一色になった。清原選手の麻薬疑惑は4年も前から囁かれていたことで、いつ逮捕されてもおかしくはなかった。「たまたま」このタイミングで逮捕されたので、結果として甘利大臣のスキャンダルはそれほど報道されないまま、安倍内閣は安保法制（戦争法）の強行採決に突き進むことができた。

熊本県で大規模な地震が起こった。隣の鹿児島県では川内原発が再稼動されている。断層をそのまま東へ引っ張っていけば四国愛媛県の伊方原発に向かう。その伊方原発も再稼動された。本当に原発は大丈夫なのか？　本当なら「再稼動させるべき」「いや、止めるべき」という真面目な国民的議論をしなければならないはずだった。しかしその時テレビに流れていたのは、「ベッキーの不倫」や「スマップの解散」だった。

## ■自主規制がまかり通るテレビ界

NHKが籾井勝人会長体制になってから、夜7時と9時のニュースは「安倍チャンネル」になったと言われる。籾井会長自身が「政府が右というものを左とは言えない」と公言しているので、早晩、こうなることは自明のことだったのかもしれない。

２０１５年8月上旬、私はたまたま自宅でＮＨＫの9時のニュースを見ていた。その日の特集はこんな内容だった。

エスカレーターが映し出される。東京と名古屋では人々はエスカレーターの左側に立っている。次に大阪と神戸のエスカレーターが画面に出てくる。人々は右側に立っている。キャスターが「立ち位置が東京と大阪で一定していませんね」とコメントを述べる。みんなが左側に立つので、右側が空いたエスカレーターが大写しになる。その空いた右側を若者が駆け上がっていく。キャスターが「エスカレーターは走らずに立ち止まって乗りましょう」とコメントをして特集が終わる。この間約10分程度。

思い出してほしい。安保法制が衆議院で強行採決されたのが、２０１５年7月15日。8月上旬に法案は参議院に移されて、国会では野党議員の追及に対して、安倍首相や中谷防衛相（当時）がしどろもどろの答弁を繰り返していたのだ。国会周辺には、若者や子育て中のママたち、学生や学者、自営業者、会社員、農民、その他約12万人もの人々が集まって、かつてない抗議行動を起こしていたのである。ＮＨＫはその抗議行動をほとんど報道せず、代わりに「エスカレーターの安全」を報道していたのだ。

9時が終わって10時になる。テレビ朝日「報道ステーション」では、ニュースの冒頭に国会前抗議行動を映し出した。「安倍はやめろ！」若者たちが叫ぶその姿をお茶の間に紹介したのちに、コメンテーターの憲法学者が「安保法制は憲法違反の疑いがあります」とコメントした。11時になればＴＢＳの「ニュース23」が、安保法制をどう考えるか、20回程度の特集を組んでしっかり報道していた。

政府は「報道ステーション」と「ニュース23」が気に入らなかったのだろう。詳しい内部事情は分からないが、この両番組のキャスター、アンカーは16年3月末で交代してしまった。

こうなるとテレビ界で起きるのが、「自主規制」や「忖度《そんたく》」だ。例えば稲田朋美防衛大臣や高市早苗総務大臣、菅義偉官房長官らが、互いに政治資金パーティーに参加して「白紙の領収書」を交換、秘書が後から金額を書き込んでいた事件が明るみになった。「白紙の領収書」は領収書ではない。民間でこんなことをすれば、税務署は絶対に許さない。常識が疑われる事件だが、稲田防衛相は「(自民党の) みんながやっている」と開き直った。パーティーの参加費は政党助成金という名の税金から支払われ、それが白紙なら後で何とでも書き込める。例えば会費が1万円だったとしても2万円と書き込めば、差額1万円は「裏金」になるではないか。稲田大臣関連では、3年間で260枚、合計520万円もの白紙領収書が出てきた。ほんまにこんな大臣に (ウソをついても恥じずに開き直る) 大事な国防を任せてもいいの? という世論が湧き上がってもおかしくなかったが、この問題はあまり大きく報道されなかった。

代わりに「これでもか」と追及されたのが、舛添要一都知事(当時)と富山市議会議員の「政治とカネ」。安倍内閣を正面から追及すると、「電波を使わせない」「偏向報道だ」と言われるので、反撃されない都知事、地方議会なら報道しても大丈夫、というわけだ。

## ■「不都合な真実」は報道されない

つまり政府やアメリカ、財界にとって「不都合な真実」は報道されないのだ。

例えば福島第一原発の汚染水問題。溶け落ちた核燃料を冷やすため原子炉に水を注入しているが、地下水と混ざり合った汚染水が溜まり続けて限界に近づいている。「大変やなー。でも汚染水を海に流すわけにはいかない。タンクに貯めるしかないやろなー」と多くの人は考える。

ここで根本的な問題「なぜこれほど大量に地下水が流れ込むのか」について報道されることはない。汚染水問題の本質は、「福島第一原発は海抜40メートル近くあった高台を削り取って、わずか10メートルの所に建ててしまった」ことにある。

どういうことか？　原発は生じるエネルギーのうち3分の1しか電気にならない。残りの3分の2は熱になって釜（原子炉）を熱してしまう。だから常に海水で釜を冷やさねばならない。海抜40メートルの高台に建てれば、海水をポンプアップする電気代がかさむ。また核燃料は海から運ぶので、低いところにあった方が作業しやすい。だから東京電力はわざわざ20数メートル以上も地盤を切り下げて、「周囲より低いところに」原発を建てたのだ。これでは地下水が原子炉建屋に向かって流れ込むのは当たり前。主原因は「東京電力が電気代をケチったから」だ。福島第一原発を襲った津波は14メートル。原発は海抜10メートル。つまり地盤を切り下げなければ、事故はなかった。福島よりも宮城県の女川原発の方が震源地に近く、揺れは大きかった。しかし女川は助かり、福島第一は壊れた。

なぜか？

女川原発は東北電力の管轄。地元の会社が地元に建てる。日頃顔を合わす住民を危険にさらすことはできない。だから万一に備えて地盤をそれほど削らずに海抜16メートルの所に建設した。

福島第一原発と女川原発の決定的な違いは何だったか？

それは東京電力が「自分たちの地元ではない」ところに原発を建てていることだ。福島、新潟などはるか離れた財源の乏しい過疎の自治体に、補助金をばらまいて「建ててやった」原発。誰のおかげで経済発展したのだ？　金のかかる安全対策は後回しでもいいだろう。津波？　そんなの来やしない。非常用電源？　まぁ、地下にでも置いておけ…。

つまり福島原発事故は、政府と東京電力による決定的な手抜き、怠慢による「人災」なのだ。しかし「地盤を掘り下げて造った」ことは「不都合な真実」なので報道されない。そして誰も責任を取らず、のうのうと関連企業に天下っていく。

高速増殖炉「もんじゅ」の廃炉にも「不都合な真実」が隠されている。表向きは「核燃料サイクル」のために維持してきたが、止めていても年間２００億円の維持費がかさむことやフランスの同型炉で「サイクル」を維持できることなどで廃炉が決定した、と報道されている。

しかし「もんじゅ」問題の本質は、２００億円の維持管理費や効率性にあるのではない。問題の本質は「もんじゅ」を動かせば純度99・8％のプルトニウムが生産できる、ということ。プルトニウムは純度94％を超えると核兵器になる。99・8％というのは「素晴らしい」原料だ。日本がこれを保持しているということは…。いつでも長崎型原爆が大量に作れる。つまり「もんじゅ」を廃炉にしなかった歴代内閣や自民党幹部、高級官僚たちの「ばれたら不都合な真実」とは、「日本を核武装させたい」という野望なのだ。

最近になって「駆けつけ警護」が新たな任務として自衛隊に付与された南スーダンへのＰＫＯ派兵問題にも「不都合な真実」が隠されている。次章では南スーダン問題とトルコ・クーデター未遂事件を取り上げる。

第4章

# 南スーダンとトルコ・クーデターの「不都合な真実」

長引く内戦が終わり、ようやく故郷の南スーダンに帰還してきた難民の子どもたち。この子どもたちは安全に暮らしているのだろうか？（南スーダン・ニムレ　2008年6月）

# 1、南スーダン内戦問題の起源

## ■ミサイルで破壊された化学薬品工場

２００８年6月、私はスーダンに入った。（地図１）当時はまだ南スーダンは独立していなくて、スーダンはアフリカ最大の国だった。首都ハルツームは白ナイル川と青ナイル川が合流する地点として有名で、巨大なナイル川が街を東西に分けている。

子どもの頃、私はナイル川に憧れていた。世界地図を眺めては想像する。この長い川の上流にはワニやゾウがいて、透き通るような水がさらさらと流れている。下流ではピラミッドを背景に、とうとうと流れる大河になってカイロの三角州を形作っている。「行ってみたいなー」。ワクワクしていた少年時代の夢がかなったのだ。ハルツーム到着後、すぐに青ナイル川のほとりへ。川に降りてみると、漁師さんがいる。彼らの船に乗り込ませてもらい合流地点へ。はたして、青ナイルは本当に青く、白ナイルは白いのか、その合流地点は…。（写真１）生活用水が流れ込む「黒ナイル」だった。がっかり、見なければよかった。

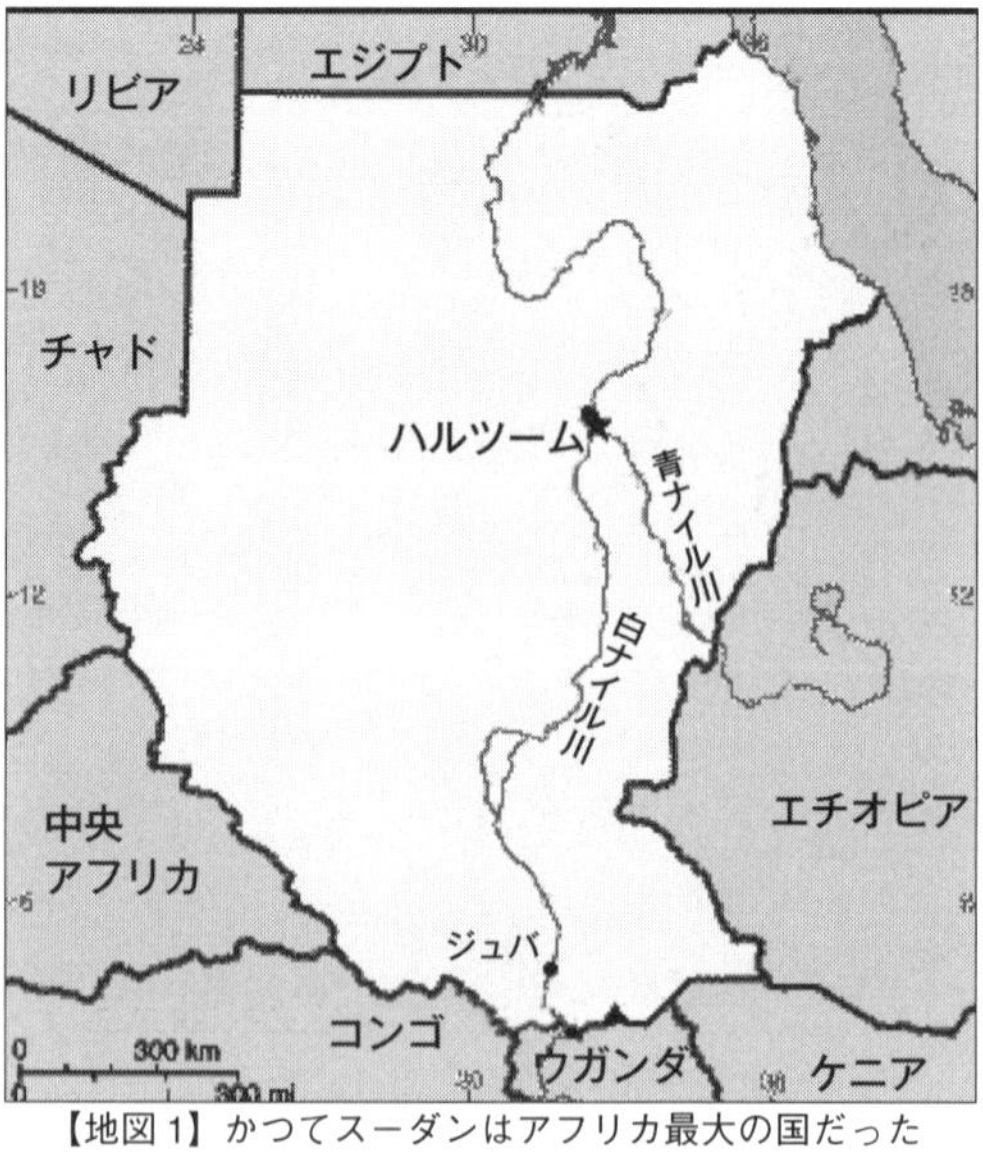

【地図１】かつてスーダンはアフリカ最大の国だった

ナイル川合流地点の次に向かったのが、ハルツーム郊外のとある化学薬品工場だ。かつてスーダン政府は反米政権だった。1990年代、ウサマ・ビンラディンはスーダンでかくまわれていた。98年8月、ビンラディン率いるアルカイダがケニア、タンザニアの米国大使館に自動車による自爆攻撃を仕掛け、300名以上が犠牲になり、数千人が負傷するという大規模テロが起きた。クリントン（夫）政権はすぐさまアフガンとスーダンに報復のミサイル攻撃。ハルツーム郊外の化学薬品工場が紅海からのトマホークミサイルで爆破された。ビルもヒラリーも当時から「戦争大好き夫婦」なのだった（ヒラリー・クリントンは2003年のイラク戦争に賛成している）。破壊された工場は10年経ってもそのまま放置されていて、門番のおじ

【写真1】ナイル川は青くも白くもなかったのだ

【写真2】化学薬品工場はアメリカのトマホークミサイルで破壊されていた

さんにチップを渡したらこっそり中に入れてくれた。ミサイルの威力は凄まじく、工場は粉々に砕かれていた。（写真2）
　当時からアメリカは「大量破壊兵器を作ろうとしている」という名目で、単なる化学肥料を作っていた工場を空爆していたのだ。振り返ってみたら、もうすでに20年以上、テロリストも米国も同じことを繰り返している。進歩してへんなー。

## ■南スーダンの独立

　首都ハルツームの中心街に戻って、街を歩いていると「ニーハオ」と声をかけられる。行き交う人々は私を中国人と信じて疑わない。それもそのはず、ハルツームには中国資本の高級ホテルや工場、スーパーマーケットなどがどんどん建設されていて（写真3）、そこに大量の中国人労働者が送り込まれていたからだ。なぜ中国が貧しいスーダンに投資していたのか？　その答えは豊富な地下資源、特に石油が出るからだ。スーダン政府と中国は長期にわたって蜜月関係なのである。

　イギリス、エジプトの支配から1956年に独立した「大スーダン」は、サハラ砂漠を挟んで北に住むイスラム教系アラブ人と、南のキリスト教系黒人に二分された。そしてスーダンでは北のアラブ人が「一級市民」で、黒人たちは「二級

【写真3】スーダンと中国（CHINA）は蜜月なのだ

市民」として差別されていた。だから「スーダン人民解放軍（SPLM）」が結成され、黒人たちは互いに団結して「北の政府」と戦ってきた。南北の長い内戦の末、2011年に黒人側が勝利して南スーダンは独立を果たした。（地図2）

**■アメリカの影**　ここで素朴な疑問が浮かぶ。なぜ強力な政府軍に対して、ゲリラ部隊の黒人側が勝利できたのか？　私はそこに「アメリカの影」を見る。スーダンが統一したままならば、石油利権は中国が一手に引き受ける。もし「南半分が別の国になったら？」…。喜ぶのはアメリカ。実際に「スーダン人民解放軍」には大量のドルと米国製の武器がつぎ込まれていた。

（参照1、http://www.nyamile.com/2014/05/16/south-sudan-america-wants-our-oil-support-rebels-makuei/　2、http://www.state.gov/r/pa/ei/bgn/5424.htm　3、http://www.bbc.com/news/world-africa-34083964）

【地図2】南スーダンは2011年に独立した

共通の敵「北の政府」を打ち破った「スーダン人民解放軍」が、今度はその石油利権をめぐって内部抗争を始める。ディンカ族出身のキール大統領と、ヌエル族のマシャル副大統領の派閥抗争が、やがて戦闘になり内戦に陥った。

中国+北のスーダン政府との関係で、アメリカは南スーダンを安定させたい。そのためにはPKO部隊派兵が必要だ。しかしPKO部隊に米兵はいない。なぜか?

アフガニスタンとイラクで、のべ200万人を超える兵士を送り込んだアメリカは帰還兵の4分の1、つまり約50万人もの若者がPTSD(心的外傷後ストレス障害)その他の疾病に罹患して社会問題になっている。英、仏、独などもアフガニスタンに派兵したため同様な事態に陥っている。

先進国で唯一、ブーツオンザグラウンド(地上部隊の派兵)していない日本が「南スーダンへ行け」と指令されたのではないか。

あまり知られていないが、南スーダンへの先進国からの派兵は、アメリカの命令を拒否できない「同盟国家」の日本と韓国だけ。あとはパキスタンやケニア、エチオピアなどの部隊なのだ。

## 2、南スーダン自衛隊派遣の愚かさ

### ■稲田朋美防衛大臣の軽さ

ここで南スーダンの詳しい地図を見ておこう。(地図3)

国境線が一部未確定なのだ。北部にアビエイという地域があって、ここは大量の石油埋蔵地。北と南のスーダン政府は「アビエイをどちらが取るか」で今も戦争状態にある。

つまり日本政府とアメリカが隠したい「南スーダンの不都合な真実」は、①石油が出る地域をめぐって、まだ北と南は戦闘状態にある。さらに独立後の南スーダンが正副大統領の派閥抗争で内戦状態に入った。②そんな南スーダンを安定させるためにアメリカはPKO部隊を送り込むと決定。しかし危険なので自分たちは派兵しない。③だからアメリカの国益を守るために「隷属国家」の日本と韓国に行かせている、の3点だ。

2016年10月、稲田朋美防衛大臣はわずか7時間の視察で、「南スーダンの治安は安定している」と結論づけた。あまりにも軽い。戦争とは日常生活の中の非日常。突然撃ち合いが始まり、ロケット弾が飛び交う。しかし普段は普通の市民生活がある。これが戦争のリアル。7時間で結論など出るはずがない。大臣視察後に数百人もの南スーダン人が既に殺されている。これでも「戦闘」でなく「衝突」と言い張るのか？「安全ならば、お前たちが行け！」と思うが、実際に「戦場」に送り込まれるのは若い自衛隊員たちだ。このまま駐留を続けて、さらには駆けつけ警護などをすれば、最悪の事態を迎えかねない。

しかし政府は強引に自衛隊派兵を継続させる。つまりこういうことだ。

アメリカから見れば「日本は安保法制（戦争法）を整備した。憲法を解釈で変えて集団的自衛権を

【地図3】南スーダンの国境は、まだ未確定なのだ

行使できるようにした。その上に駆けつけ警護までできるようにしている。ならば現地へ行ってもらおう」。

日本からすればこうなる。「安保法制を強行採決した。国会は自公で安定多数を握っている。野党の追及は怖くないし、維新は与党と変わらない。メディアへの圧力が効いていて、派兵を続けても大きな騒ぎにならないだろう。湾岸戦争の時に日本は『金だけ出して、人を出さなかった』として欧米から叱責された。安倍首相は『日米同盟は血の同盟』と考えている。日本も血を流せば、日米同盟はより『対等』になる。安倍内閣の今こそ、『実績』を作っておこう」。

このような状況の中、内戦状態で極めて危険な南スーダンに自衛隊が派兵されているのだ。

**■望まれるのは平和的人道支援** 08年当時、独立前の南スーダンは今に比べて平和だった。南北スーダンの長い長い内戦がようやく終わって、人々は隣国ウガンダやケニアなどから帰還してきた。アフリカは広大なので1

【写真4】アフリカは広いので1日や2日では帰還できない。道の駅に宿泊しながら、故郷へ帰還していく

日や2日では帰れない。各所に「道の駅」があって、ここで水や食料を補給しながら、故郷へと戻って行ったのだ。帰還する人々はようやく訪れた平和の喜びを口にしていた。（写真4）

当時はPKO部隊などいなくて、UNHCR（国連難民高等弁務官事務所）と人道支援のNGO団体がいた。この時にJVC（日本国際ボランティアセンター）が運営する自動車修理工場を取材させてもらった。ここには南スーダンの若者たちが日本の技術指導で自立していく姿があった。（写真5）若者たちが望んでいるのは、軍隊ではなく平和的な人道支援だった。

私は自衛隊のみなさんの努力、活動を否定しているわけではない。しかし迷彩服を着て銃を持ち、装甲車や戦車に乗った人々が「自己完結型」で道路を直すのと、普通の格好でやってきた日本人が、現地の人と一緒に技術を教えながら道路を直すのとでは、どちらが現地の発展に寄与するか？

イラクでは自衛隊が標的になった。それは「迷彩服を着て戦車に乗っていたから」だ。「普通の服を着て普通の車でやってくる日本人」は信頼される。そして技術を教えて自動車修理工になった若者

【写真5】日本のJVCが自動車修理技術を教えていた。このような人道支援こそ求められていると思うが…

たちは、日本が去った後もずっと現地で修理ができる。技術を後継者に教えて、新たな修理工も育つだろう。日本は今まで後者のやり方で国際支援をしてきた。安倍内閣になって、なぜ急に「アメリカ型の軍事支援」に切り替える必要があるのか？

■恐ろしいシナリオ　私は近未来の「恐ろしいシナリオ」を危惧している。

ある日、南スーダンで道路などを作っている自衛隊の車列が路肩爆弾で攻撃される。最近の仕掛け爆弾は強力なので、複数の隊員が犠牲になった。棺が日本に帰ってくる。敬礼で迎える安倍首相。ご遺体が靖国神社に運び込まれ、マスコミは連日、その「国葬」を報道する。巷では「犯人のゲリラをやっつけろ」「テロを許すな」という声が高まる。そして…。自衛隊員が増派され、「武器を使えないのは手ぬるい」「自衛隊を国防軍に変えないとダメだ」…。そして憲法9条が変えられていく。坂道を転げ落ちるように、日本が「戦争のできる国」になっていくのではないか？　これが「恐ろしいシナリオ」だ。

そうならないためには…。

多くの人々が、政府の抱える「不都合な真実」に気がついて、騙されないことだ。日本は今まで通りの人道支援と平和外交を続けていけばいい。わざわざ紛争地に部隊を送るからそうなったのだ。すぐに撤退して、支援の仕方を元の形に戻そう。殺し合いはダメだ、日本らしい平和貢献を。

「恐ろしいシナリオ」という近未来の予想が外れて、後者の、平和を求める世論が形成されることを願う。

次に２０１６年７月15日に勃発したトルコ・クーデター未遂事件を分析する。

## ３、トルコ・クーデター未遂事件の真相

トルコはＧ20のメンバーで、ＮＡＴＯ軍の一員でもある。近年、新興国として力をつけてきたトルコは、２０２０年オリンピックのイスタンブール開催を目指し、東京と争うまでに経済成長した（私は今でもイスタンブールで開催してほしかったと思っている）。

そんな「中東の先進国」でクーデターが起こりかけたのだ。クーデター軍にすれば、失敗すれば「処刑か無期懲役」だ。無謀なクーデターは起きないはずで、反乱軍の中に「勝利の確信」がないと実行しない。つまりクーデター未遂事件の背後に、お墨付きを与えた大国がいる。それは「アメリカかロシアしかない」と考えた。どっちなのか？　それを確かめるには直接現地で取材するしかない。２０１６年８月、トルコの首都アンカラに飛んだ。

【写真６】トルコのメインストリートは真っ赤な国旗だらけだった

## ■首都アンカラで

「あっちのビルにもこっちの歩道橋にも」。アンカラのメインストリートは真っ赤なトルコ国旗に包まれていた。（写真6）

トルコ入国前までは「国旗とともにエルドアン大統領の肖像画が飾られているだろう」と思っていた。しかし肖像画はなかった。かつてのイラクには交差点、病院、学校、どこにもフセインがいた。リビアもカダフィーだらけ、シリアは便所にまでアサド親子がいた。その意味ではトルコは健全。「主権者は国民、個人崇拝はダメ」と考えている人が多いのだ。

しかし街角では「俺たちはトルコ人だ」と主張する人々が国旗を振っている。クーデター未遂事件後は国旗がたくさん売れたようで、今でも街角には「国旗売りのおじさん」がいる。

確かにそうだ。選挙で選ばれた政権をクーデターで倒していいはずがない。ただ、いろんな点で「ひっかかり」がある。「俺たちはトルコ人だ！」という主張を、この国のマイノリティーである「クルド人」や「アラブ人」はどんな思いで聞いているのだろうか？　確かにエルドアン大統領は人気がある。しかし過去にツイッターを切ったり、エルドアンに反対する新聞を発禁にしたり、かなり「頑強な政治」を進めているのも事実だ〈空港で出会ったナイジェリア青年〈第7章〉も弾圧さ

【写真7】クーデターはこの橋の占拠から始まった

れていた)。

ではここで「クーデター当日に何があったのか?」を時系列で振り返ってみよう。

2016年7月15日午後9時過ぎ、イスタンブール、ボスポラス海峡に架かる大橋に戦車が現れる。(写真7)大橋はアジアとヨーロッパをつなぐ交通の要衝。そこをクーデター軍が占拠したのだ。続いてクーデター軍はボスポラス大橋からほど近いTRTワールドというテレビ局になだれ込み、通常放送をストップさせ「クーデター勝利宣言」を発表。同時刻、休暇中のエルドアン大統領がエーゲ海に面したホテルを脱出。ホテルはその10数分後に空爆されているから、脱出がもう少し遅かったら大統領は暗殺され、クーデターは成功していただろう。

【写真8】普通のトルコ市民がクーデターを止めた

首都アンカラでは国会がF15戦闘機で空爆された。大統領は衛星放送CNNトルコにスマートフォンで出演、国民に対して「外へ出てクーデターを阻止しよう」と訴えた。何十万という人々が外へ出て戦車の前に立ちふさがった。約290名が射殺され1400名以上のけが人が出たが(写真8)、人々は抵抗をやめなかった。翌16日未明、人々の抗議に押されたクーデター軍が投降を始める。16日午後1時、地元テレビが一斉に「通常放送」に切り替わり、抗議する市民の姿を報道し始める。長い長い16時間、かくしてクーデターは「未遂」に終わった。

■国会議事堂で　以上が「当日に起きたこと」だ。では、空爆で破壊された国会へ行ってみよう。

アンカラのメインストリートでタクシーをキャッチ。「国会議事堂へ」。行き先を告げるとすぐにメーターを回す。このドライバーは安心。トルコではメーターを回さずに目的地について法外な値段をふっかけるヤツもいるのだ。

タクシーを飛ばすこと20分。国会議事堂は市街地を見下ろす丘の上にあった。入場門には長蛇の列。何しろこの国会にミサイルが2発飛び込んだのだ。セキュリティーチェックは厳重。「日本から来た。クーデター取材だ」。交渉の末に首尾よく入場。

広い敷地に歴史と風格

【写真 9】イギリスだけでなくトルコでも衛兵の交代があった

【写真 10】普段はこの箱の中でじっとしている

ある建物がそびえ立つ。トルコ国旗が掲げられた議事堂の前を衛兵が歩く。ロンドン、バッキンガム宮殿の衛兵交代が有名だが、ここトルコでも一定の時間が来れば、このように手足を高く上げて議事堂前を行進するのだ。（写真9）普段、衛兵は電話ボックスのような箱の中で屹立している。「ギャグかまして笑かしたいな」と思うが、私のギャグでは笑ってくれないだろうし、下手したら「不敬罪」で捕まるかも。ここは自重し写真だけを撮影。（写真10）

建物には赤白のテープが貼られ一部立ち居入り禁止。空爆による爆風で、この施設も破壊されているのだ。

国会内部へ。「な、何やこれ？」。議事堂へ続く道路脇の街路樹が倒れていて、正面のビルは窓ガラスが全て吹き飛んでいる。（写真11）

7月16日未明、クーデター軍がF15戦闘機でやってきて、国会の中庭を空爆したのだ。中庭の中央部に深さ約2メートル、幅約5メートルの大きな穴が空いている。幸いにして国会閉会中だったので、国会議員に犠牲者は出ていない。クーデター軍は中庭に一発落としてから議事堂に襲いかかった。議事堂の中に入る。廊下は赤絨毯《じゅうたん》で敷き詰められている。私は永田町ではなくアンカラで、生まれて初めて赤絨毯を踏むことになった。

議事堂はコンクリート打ちっ放しのお洒落な近代風ビル。そん

【写真 11】F15 戦闘機の空爆で国会が破壊された

なビルの正面に大きな穴が開き、窓ガラスは全て吹き飛ばされている。（写真12）

「日本から取材に来たヤツがいる」。カフェテラスに国会議員が集まってくる。「まぁメシでも食え、茶でも飲め」と大歓迎、トルコの議員さんたちはあまり忙しそうではなかった。クーデター未遂事件後、与野党が統一して挙国一致体制を作っているので、激しい国内議論は後回しのようだ。私の元にイスタンブール、アンカラ、イズミル…。各地で選ばれた議員たちが寄ってくる。

■ギュレン師とアメリカ　破壊された国会の中で8名の議員に聞いた。全員が「首謀者は米国に亡命しているギュレン師だ」と証言した。アンカラ選出の議員アルタナさん（写真13）たちの長～い話をまとめると、①ギュレン師（写真14）はイスラム指導者で、モスクの中に貧しい若者用の寄宿舎を建てた。②70年代、そんな若者たちのために予備校や大学を開校し、トルコ中に弟子が増えた。今やギュレン師派はトルコ内外に100万人！もいる。やがてギュレン師は弟子たちを軍隊や警察、裁判所などに送り込み、権力の中枢を握り始める。③90

【写真12】空爆は2回。ミサイルは議事堂に命中していた

年代に旧ソ連が崩壊、ギュレン師は英語教師をロシアに送り込む。その中にCIAの関係者がいて、ギュレン師と米国は情報交換を始める。④シリア問題でエルドアン大統領は急速にロシアに接近、アメリカはトルコに手をやくようになった…。以上が議員たちの証言。クーデターの背後にいたのはアメリカだと証言した。

　クーデター後、7万人以上の軍、警察、司法関係者が取り調べを受けた。「何でこんなに?」と思ったが、疑問が氷解した。ギュレン師派は想像以上に大規模で、軍や警察、官僚たちの間に溶け込んでいたのだ。

　トルコ最大都市イスタンブールは、ボスポラス海峡で街が二分されている。東側がアジアで西側がヨーロッパ。海峡に架かる大橋を渡るたびに「あー、ヨーロッパにやって来た」「アジアに戻った」などとつい感動してしまう。

【写真13】アルタナさんたちの長い話によると…

【写真14】アメリカに亡命中のギュレン師

7月15日深夜、この大橋をクーデター軍が占拠した。何が起きたのか、人々はこの時点では理解できなかった。大橋を望む小高い丘の上にＴＲＴワールドというトルコ最大の衛星テレビ局がある。橋を占拠したのち、クーデター軍はこのテレビ局を襲った。80名以上の兵士が乱入してきて、警備員、記者、アナウンサーなど全てのスタッフを拘束。通常放送をストップさせ、「本日よりトルコは祖国平和協議会（クーデター軍のこと）が国を治める」と発表した。

## ■ＴＲＴワールド社へ

そのＴＲＴワールド社へ。テレビ局のカフェテラスからボスポラス海峡が見える。対岸はアジアで大型船が往来している。（写真15）風光明媚な街で、一体何が起こっていたのか？　テレビ局スタッフに話を聞いてみよう。

「遅くなってごめん。クーデターのドキュメンタリーを作っていて、今はとても忙しいんだ」。レスール編集長がせわしげにやってくる。スタジオの中に入らせてもらい、当日の様子を尋ねる。（写真16）

「あの日はとても忙しかった。前日にニースでテロがあって、俺たちはてんてこ舞いだった」。

そうだった。7月14日は南フランスのニースでテロが起こっていたのだ。「午後9時15分、同僚が『あれっ？　戦車が大橋を通行止めにしているぞ！』と叫んだ」。その時は「ＩＳが橋に爆弾を仕掛け

【写真15】対岸はアジア、こちらがヨーロッパ

たのでは？」と思った。イスタンブールではＩＳやクルド系過激派のテロが相次いでいて、交通の要衝である大橋は「格好のターゲット」なのだ。

９時半頃、約80名の兵士が受付のドアを蹴破って、テレビ局内部に入ってきた。この時もまだスタッフたちは軍隊を信じていた。「ＩＳがテレビ局を狙っていて、軍が助けに来てくれたのだ」と。予想は見事に外れた。兵士たちはスタッフの携帯電話を取り上げて、中庭に出ろと命令した。放送ケーブルが引きちぎられ、このスタジオで生放送中だった「南仏ニースのテロに関するニュース」が突然消えた。そしてＴＲＴワールド・アンカラ局から、たった一人残された女性アナウンサーによって「クーデター勝利宣言」が発せられた。

中庭に取り残されたレスール編集長らは、ようやく「これはクーデターなのだ」と気がついた。しかし携帯電話を取り上げられているので、家族にも他のジャーナリストたちにも連絡ができないし、下手に抵抗すれば銃殺だ。トルコは最大のピンチに陥っていた。

じりじりと時間だけが過ぎていく。この時

【写真16】テレビ局のスタジオでレスール編集長にインタビュー

深夜2時、夜の帳を大音声が打ち破る。「クーデターを止めろ!」住民が大挙してテレビ局に駆けつけた。住民たちは戦車の前に立ちはだかった。(写真17)にらみ合う兵士と市民。戦車を取り囲む住民の数が急増していく。実は直前にエルドアン大統領がスマートフォンでテレビ出演し、国民に対して「クーデターを止めよう」と訴えていたのだ。(写真18)その訴えを聞いて、市民が大挙して抗議行動を始めた。

【写真 17】戦車の前で抗議する人々

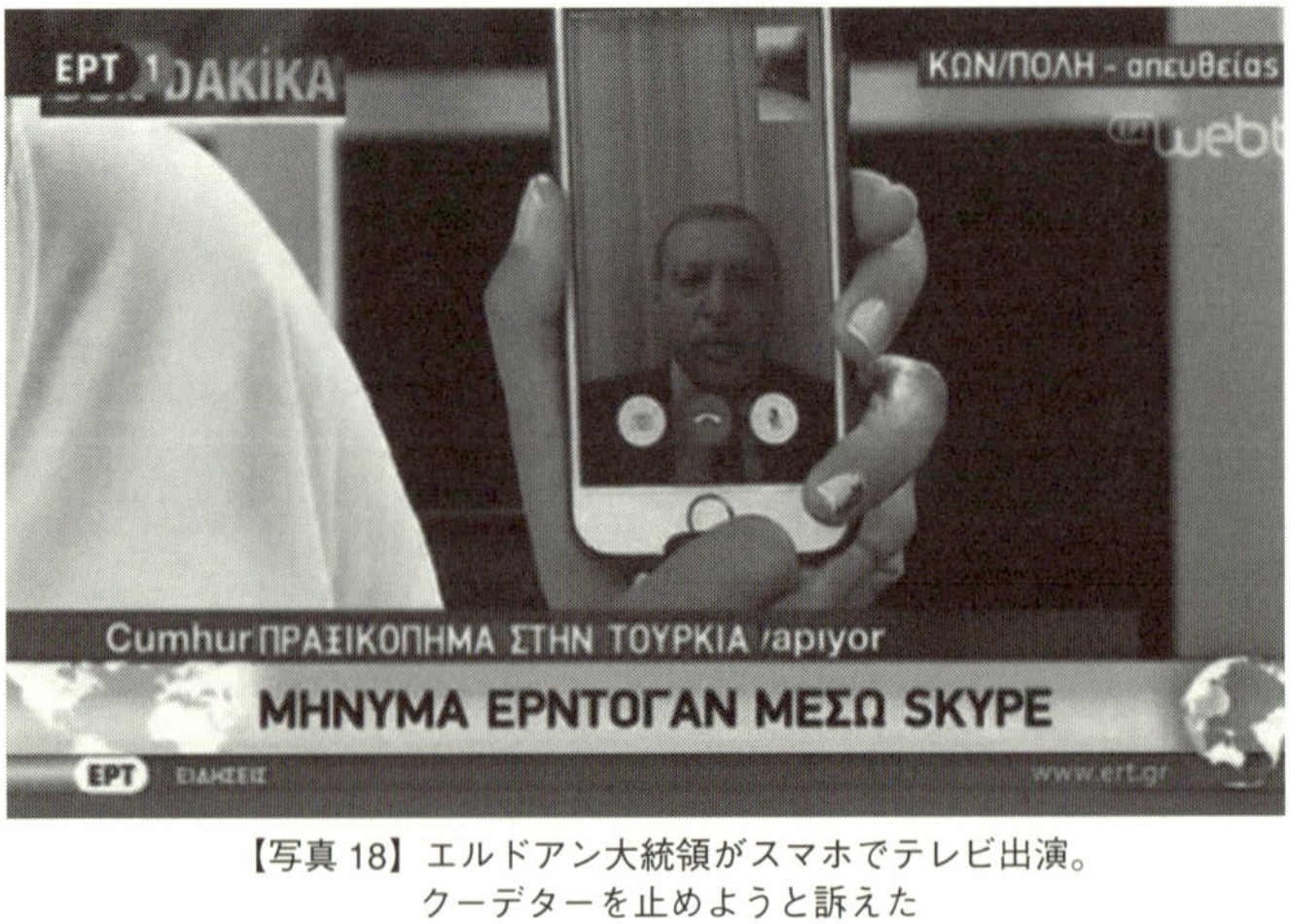


【写真 18】エルドアン大統領がスマホでテレビ出演。クーデターを止めようと訴えた

早朝、トルコ警察の特殊部隊がやってきた。スピーカーで兵士に投降を呼びかける。16日午後1時、

兵士たちが銃を捨て、テレビ局から出てくる。「やった！　勝ったぞ！」。この日トルコ全土でこのような抗議行動があった。約２９０名の市民が殺害され、１４００名以上が重傷を負ったが、辛うじてクーデターは未遂に終わった。死を恐れず、戦車の前に立ちはだかった人々はトルコの英雄になった。地下鉄のユニカピ駅には殺害された人々の写真が飾られている。鍛冶屋さん、パン屋さん、主婦、学生…。（写真19）こうした市井の人々が民主主義を守り切ったのだ。

クーデター軍が衛星テレビ局を乗っ取ったのは、トルコだけでなく世界の人々に向けて「勝利宣言」を発するためだった。ドラマチックなストーリーを取材して感激していた時だった。局内には多数のモニターがあって、ライバル局のニュースが流れている。突然、複数の画面に「ガジアンテップ」という地名が大写しになって、悲痛な市民インタビューが始まった。

「えっ、ガジアンテップって…」。一昨日まで私はこの街に滞在し、シリア難民の取材をしていたのだ。たった今、テロが起こった。本日、つまり２０１６年8月20日夕方、クルド系住民の多い地区で結婚式があり、その会場でＩＳに感化された中学生が自爆した。犠牲者は50人超。負傷者多数。死亡

【写真 19】地下鉄の駅に犠牲になった人々の写真が飾られていた

者の内、20人以上が子どもだ。殺したのも殺されたのも子ども。それも結婚式を狙うなんて…。悲痛な状況を映し出す画面の横にはリオ・オリンピックの喧騒（写真20）。オリンピックや日本シリーズ、清原選手の麻薬逮捕、スマップの解散、ベッキーの不倫…。そんな報道ばかりが続き、トルコ・クーデター未遂事件はもちろん、沖縄の基地や原発再稼動などがあまり報道されてこなかった。オリンピックを報道するな、とは言わない。しかしどこか一局くらい「世界の今、戦争や原発の現実」を、じっくり報道すべきだと感じる。

## ■クーデター未遂事件の全貌

今回のトルコ取材を通じて、私はクーデター未遂事件の全貌は以下のようなものだったと分析している。

２０１１年2月にエジプトで「アラブの春」が起きて、親米独裁政権のムバラク大統領が民衆によって倒された。その後の民主的な選挙の結果、「ムスリム同胞団」のモルシ氏が指導者に選ばれた。アメリカとイスラエルはこの「ム

【写真20】オリンピックを報道するなとは言わないが…

スリム同胞団」を敵視している。ちなみにガザ地区を実効支配するハマスは、今でも「イスラエルの天敵」であるが、もともとの組織は「ムスリム同胞団・ガザ支部」だった。

革命後のエジプトで誕生したモルシ政権は、「ムスリム同胞団」優遇政策をとったため、極端なイスラム主義を嫌う学生や進歩的知識人などが抗議デモをしていた。広場でちょっとした小競り合いになる。その時にエジプト軍が出動し、治安維持を口実にデモ隊とモルシ政権の双方を監視下に置いた。後から見ればこれはクーデターだった。その後、モルシ氏は逮捕され、軍のトップだったシーシ氏が大統領になった。そして今やエジプトは以前よりも「親米、親イスラエル政権」になった。このクーデターに多数のエジプト市民が反発しデモをしていたが、シーシ大統領は責任者を殺害、投獄し、徹底的に弾圧。シーシ政権の民衆弾圧、殺害行為について、西側メディアはほとんど報道しなかった。アメリカにエジプトでの「クーデター成功体験」が残る。

トルコはエジプトより上手く立ち回っていた。トルコはアラブの春で大きな騒動にはならなかった。背景にはトルコ経済が良好だったことがある。一見すると「親米」のトルコは、シリア内戦を契機にアサド政権を打倒しようとした。しかし「反アサド」であるはずのアメリカは積極的に介入してくれない。やがてシリアにISがやってきて、陸続きのトルコはISのテロに手をやくようになる。この時点でアサド政権はロシアに守られて倒せない。トルコはアサド政権を倒すことを諦める。

この頃、世界はISのテロだけを問題にした。アメリカはISを倒すためにクルド人と同盟を結んだ。長年トルコはクルド問題に手を焼いていて、クルド過激派はトルコでテロを繰り返す。IS打倒でヒーローになったクルドが、勢いづいてトルコ国内で「クルド独立運動」を始めるかもしれない。

それだけは避けたい。

トルコの不安をよそにアメリカは逆に動く。クルド軍とイラク軍にＩＳ攻略を命じたのだ。

ここでトルコのエルドアン大統領は、「それまでの敵」に接近し始める。クルドとは組まないロシアのプーチン大統領と会談し、シリア内戦を収めようというのだ。

アメリカはロシアに近づくエルドアン大統領が邪魔になる。一方、ギュレン師も独裁＆強権化するエルドアン大統領を放置しておけば、いつまでたっても権力を握れない。それどころか大弾圧を食らってしまう。ここでアメリカとギュレン師の利害が一致する。そして…。クーデター決行！

以上が、私の分析するクーデター未遂の全貌だ。アメリカは今になってもギュレン師のトルコへの引き渡しを拒んでいる。一方、トルコも反体制派を弾圧して、二度とクーデターのようなことが起きないように独裁化が進行中。泣いているのは、平和と民主主義を求める普通の市民だ。

何しろトルコという地域大国が、国会を空爆され、ＮＨＫに当たる公共放送を乗っ取られ、大統領が暗殺されそうになったのだ。２９０名の勇敢な市民の犠牲の上に、なんとかクーデターは阻止された。アメリカ、ギュレン師グループは、真相を明らかにする責任がある。そしてエルドアン大統領は非常事態を解いて、弾圧をやめ、冷静になって真相解明の場を提供するべきだ。

アメリカにとって隠しておきたい「不都合な真実」。それは、第二次世界大戦後、アメリカは気に入らない政権をクーデター、または侵略戦争で倒してきた。チリ、イラン、エジプト（以上、クーデター）、そしてアフガニスタン、イラク（以上、戦争）。ベトナム（戦争）とトルコ（クーデター）はそれが失敗に終わった、ということだ。

第5章

# 「アラブの春」のダブルスタンダード

NATO 軍の空爆で破壊された野菜市場とカダフィー軍の戦車。反米のリビアはすぐ 2011 年 5 月に空爆されたが、親米のバーレーンは空爆されなかった
（リビア・ミスラタ　2011 年 5 月）

## 1、バーレーンにおける「アラブの春」の攻防

2011年2月、湾岸諸国の一つ、ペルシャ湾に浮かぶ島国バーレーンに入国した。（地図1）バーレーンとはアラビア語でバハル（海）の双数形、つまり「2つの海」という意味だ。アラビア語には単数、複数形以外に双数形がある。例えば「タリブ」は学生という意味で、複数形のタリバーンは「学生たち」。双数形はタリバイン（2人の学生）となる。

バーレーンは面積が淡路島くらいの小さな国で、人口は100万人くらい。イスラム教シーア派が約70%を占めていて、約20%のスンニ派は少数派なのだが、政治権力はスンニ派が握っている（イラク、シリアと同じ少数派政権）。

なぜ「2つの海」なのかというと、それは真水と海水。地下水が出る緑豊かな島が、オアシス（真水）と美しいペルシャ湾（海水）に囲まれているというわけだ。

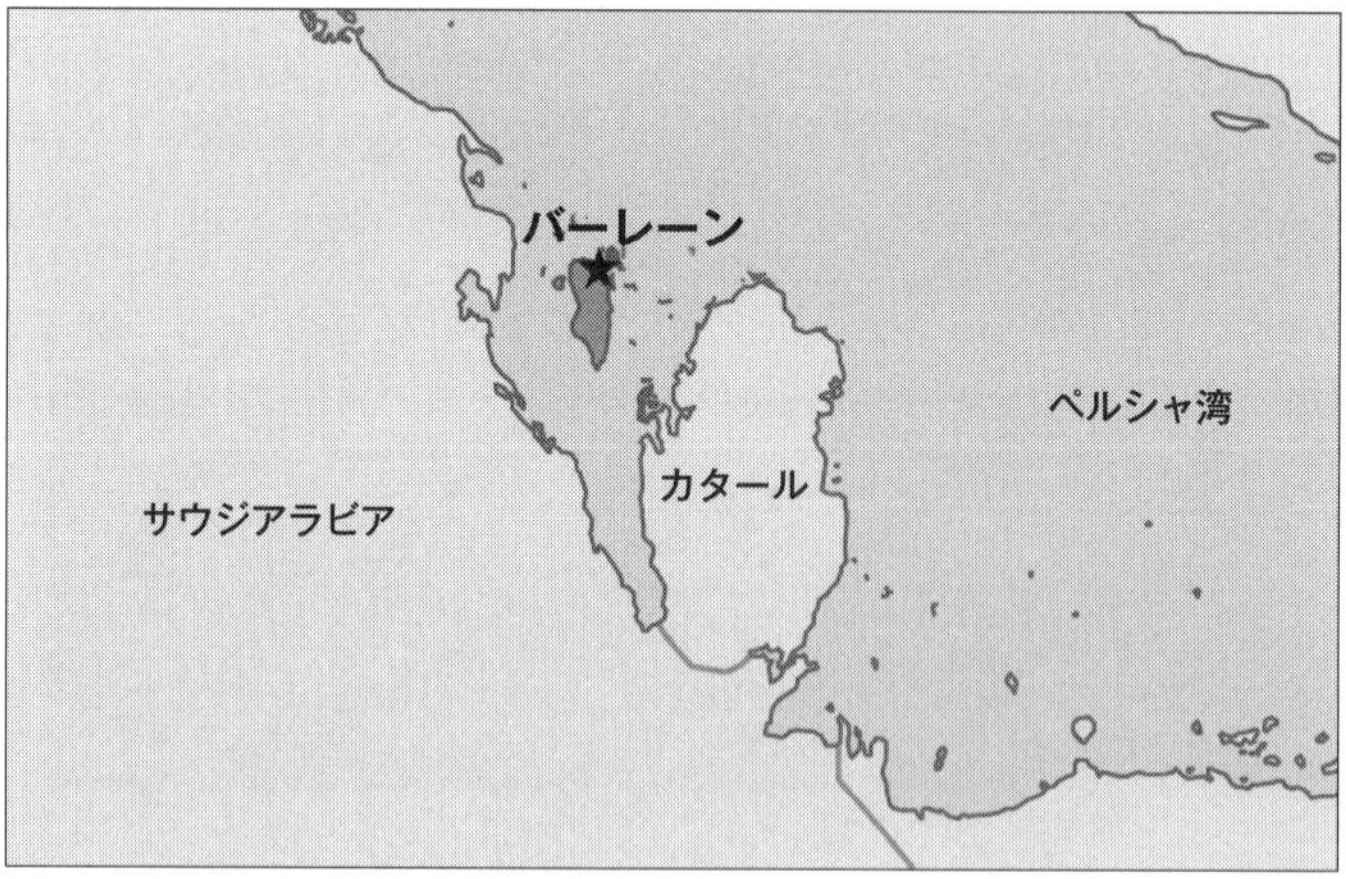


【地図1】ペルシャ湾に浮かぶバーレーンは親米国家だ

## ■立ち上がったシーア派住民

普段のバーレーンは観光の島で、首都マナマには5つ星ホテルが並んでいるし、F1グランプリレースが開催されるのもこの島だ。

しかし11年2月のバーレーンは普段と全く違う状況、つまり「革命」が起ころうとしていた。チュニジア、エジプトで相次いで起きた民衆蜂起。「独裁政権打倒！」を叫ぶ人々が、なんとチュニジアではベンアリ、エジプトではムバラクという大統領を打ち倒してしまったのだ。

この「アラブの春」に敏感に反応したのが、相対的に貧しく、差別されてきたシーア派住民だった。首都マナマの「真珠広場」には、「独裁者、ハマド国王を倒せ！」「ハリーファ家（王家）からこの国を取り戻せ！」。数万人もの人々が叫びながら行進していたのだ。

2011年2月19日、厳戒態勢の空港で尋問されること4時間、なんとか入国を許可された私は、「革命」の舞台となっている首都マナマの「真珠広場」を目指した。タクシーを拾って広場に向かうが、広場に通じる道のすべてを軍と警官がシャットアウト。（**写真1**）仕方なく遠く離れた場所で、車内から戦車と兵士を隠し撮り。大量に派兵された軍隊はほとんどがサウジアラビア軍で警察官はパキスタン、UAEから。

【写真1】首都マナマは厳戒態勢。あちこちにサウジアラビア兵士がいた

なぜか？

国王を支援する国々は全てスンニ派政権で、バーレーンが崩壊してシーア派の政権になるのを恐れているのだ。

これでは真珠広場へ行けない。デモ隊も広場から退散させられたようだ。

マナマから橋を渡って対岸のシトラという町へ。（地図2）実はこの町こそ、バーレーンにおける「アラブの春」の震源地。スンニ派が多く住む首都マナマに比べて、シトラは相対的に貧しく、弾圧されてきたシーア派住民の町である。

タクシー運転手のラティーファさん（女性です！）はシトラ出身で、昨日のデモで殺された被害者と顔なじみ。「これを見て！」案内されたのが墓地。警官隊の銃撃によって殺された若者アリーさん（22）がこの地に眠っている。イスラム教では遺体はすぐに埋葬しなければならない。墓地の前で合掌、冥福を祈る。

アリーさんたちの葬儀が町のモスクで行われている。モスクの壁面には昨日殺害された5名の写真が飾られている。アリーさんの父親が息子の写真を掲げてくれた。（写真2）

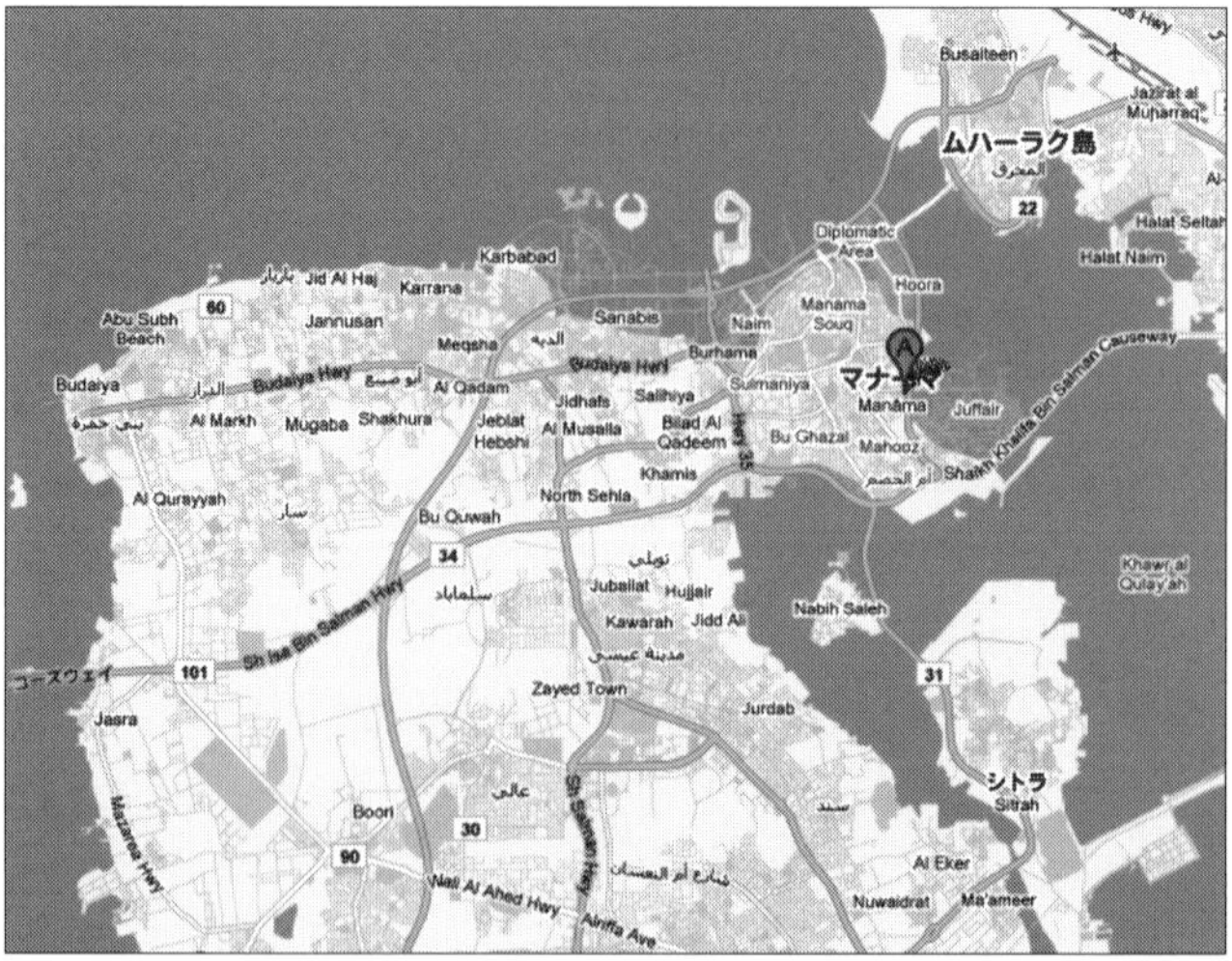


【地図2】首都マナマの下方にシトラ市。ここが「革命」の震源地だった

「アリーはいいヤツだった」「日本からか？　彼は無抵抗で、平和的にデモをしていただけなのに撃ち殺されたんだ」。参列者が私のカメラに集まってくる。

その中の一人がおもむろにポケットから携帯電話を取り出した。（写真3）

「これを見ろ！　アリーたちが射殺された瞬間だ」

「えっ、あなたもデモに参加してたの？」

「もちろん。だからこの瞬間を撮影できたんだ」。

【写真3】彼の携帯に残っていた映像が…

携帯の画面にデモ行進が写っている。真珠広場をまたぐ橋の上。バーレーンの国旗を持って叫びながら歩く人々。デモ隊は武器を持っていない。手にしているのは、国旗と花束だけだ。突然、前方に戦車と警官隊が現れる。

パンパンパン。銃声が響き、画面が乱れる。その間数秒。

【写真2】息子はデモに参加して殺された

「アッラー、アッラー（神よ、神よ）」デモ隊の叫び声と銃声が重なる。５名の死骸が道路に横たわっている。泣き叫ぶ仲間たち、死骸に寄り添う人々…。（写真４）

「昨日のデモか?」「そうだ。俺はすぐにこの動画をYou Tubeにアップした」。

彼の撮影した動画は、その後、衛星放送アルジャジーラが放送した。この「ライブ映像」を見たアメリカのオバマ大統領が「バーレーンでも民主主義が守られることを望む」とコメント。この動画はハマド国王にとって大きな痛手となった。

「アラブの春」は、しばしば「フェイスブック革命」つまりSNSが引き起こした革命といわれる。どういうことか?

真珠広場で数万のデモ隊が民主化を要求している時、国営放送は「お元気ですか? ハリーファ国王」などという番組を流している。インターネットのない時代、国民は国営放送や政府系御用新聞でしか、情報を得ることができなかった。国営放送では、民主化を求めるデモ隊を「過激派組織」と決めつけ、「一部過激派が武器を持って襲ってきたので、治安上、鎮

【写真４】ただ行進していただけの人々が実弾で撃ち殺された。
この映像はアルジャジーラで報道された

圧しなければならなかった」と報道することができる。しかし今は「携帯電話を持った最前線のデモ参加者」が、アルジャジーラテレビの特派員になれる。動画を見れば、「デモ隊は武器を持っていない」し、「一方的に射殺したのは国王の軍隊」だということがわかる。そしてその映像は瞬時に世界に広がり、アメリカ大統領までが独裁政権に対して「懸念（＝やりすぎ）」を表明しなければならなくなるのだ。

■民衆が真珠広場を奪い返した　モスクでの葬儀参列者たちは「今日も真珠広場でデモをする」と言う。昨日は5名殺されている。そんなことをすれば、また…。

「これはまたとないチャンスだ。俺たちは30年間虐げられていた。殺されるのを恐れていては、現状は変わらない。大規模デモで真珠広場を取り返す」。

確かにそうかもしれんが、あんたら殺されてしまうがな…。不安と興奮。彼らと一緒に真珠広場へ向かう。さすがにこのままこの人たちと広場へ向かうのは危険だ。「日本人、お前はここに残って我々デモ隊が勝つか、軍隊が勝つか、そのカメラで見ておいてくれ」。

真珠広場近くのサルマニア病院で待つように指示される。驚

【写真5】病院前で抗議する人々

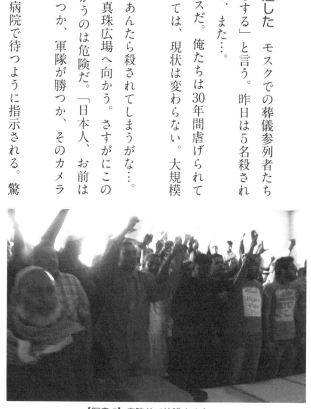

いたことに、病院の周囲には数千人の群衆。（写真5）
今日もデモがある。軍隊は撃ってくる。負傷者が多数出る。負傷者は救急車で運び込まれてくる。つまり負傷者を励ますために病院は大群衆に取り囲まれていたのだ。
各国の衛星放送も取材に来ているので、アラビア語の他に英語の看板が目立つ。
単純に「ピース」とだけ書かれた看板もあるが、「俺たちはシーアでもスンニでもない。バーレーン人だ」「私はスンニ派ですが、この革命を支持します」などメッセージ系の看板も目立つ。（写真6）
やがて病院の周囲は、犠牲者の写真を持つ人、国旗を打ち振る人でいっぱいとなり、やがて「ダウン、ダウン、ハマド！」（ハマド国王を倒せ！）の大合唱となった。午後4時過ぎ、大合唱が悲鳴に変わる。サイレンを鳴らして救急車が入ってきたのだ。地鳴りのような抗議と励ましの声。圧倒されつつ、人々の表情を撮影。
私のビデオカメラを見て、医師の一人が「こっちに来い！」と病室に案内される。
病院の廊下にベッドが出され、みるみるうちに野戦病院

【写真6】「私はスンニ派ですが、民衆を支持します」英語の看板も目立った

になる。催涙ガスを吸い込んで昏睡する人、酸素吸入器で応急処置されている人、ゴム弾が左胸にあたり、苦しそうに顔をしかめている人…。（写真7）

そんな負傷者の中に、一輪の花をベッドに置いて横たわる若者。20歳の学生で、本日の集会に参加。軍に対峙している時、花一輪を手渡した。その後、軍と警察は「ピース」という看板を持っている人々に、ゴム弾と催涙弾を、花のお礼として「お返し」した。

「僕たちは石さえ持っていない。武器を持っていないことをアピールするため、両手を広げていたんだ。そしたら撃ってきた」。

救急車がやってきて負傷者が担ぎ込まれるたびに、悲鳴とうなりのような抗議の声がこだまする。群衆の怒りはピークに達していた。そんな時だった。

巨大なスピーカーからのニュースとともに、一斉に大きな拍手。

「革命だ！」「勝ったぞ！」と叫ぶ人々。何があったのか？たった今、真珠広場から軍と警官隊が退場をはじめたと言う。

広場に向かう交差点では、喜びのクラクションが鳴り

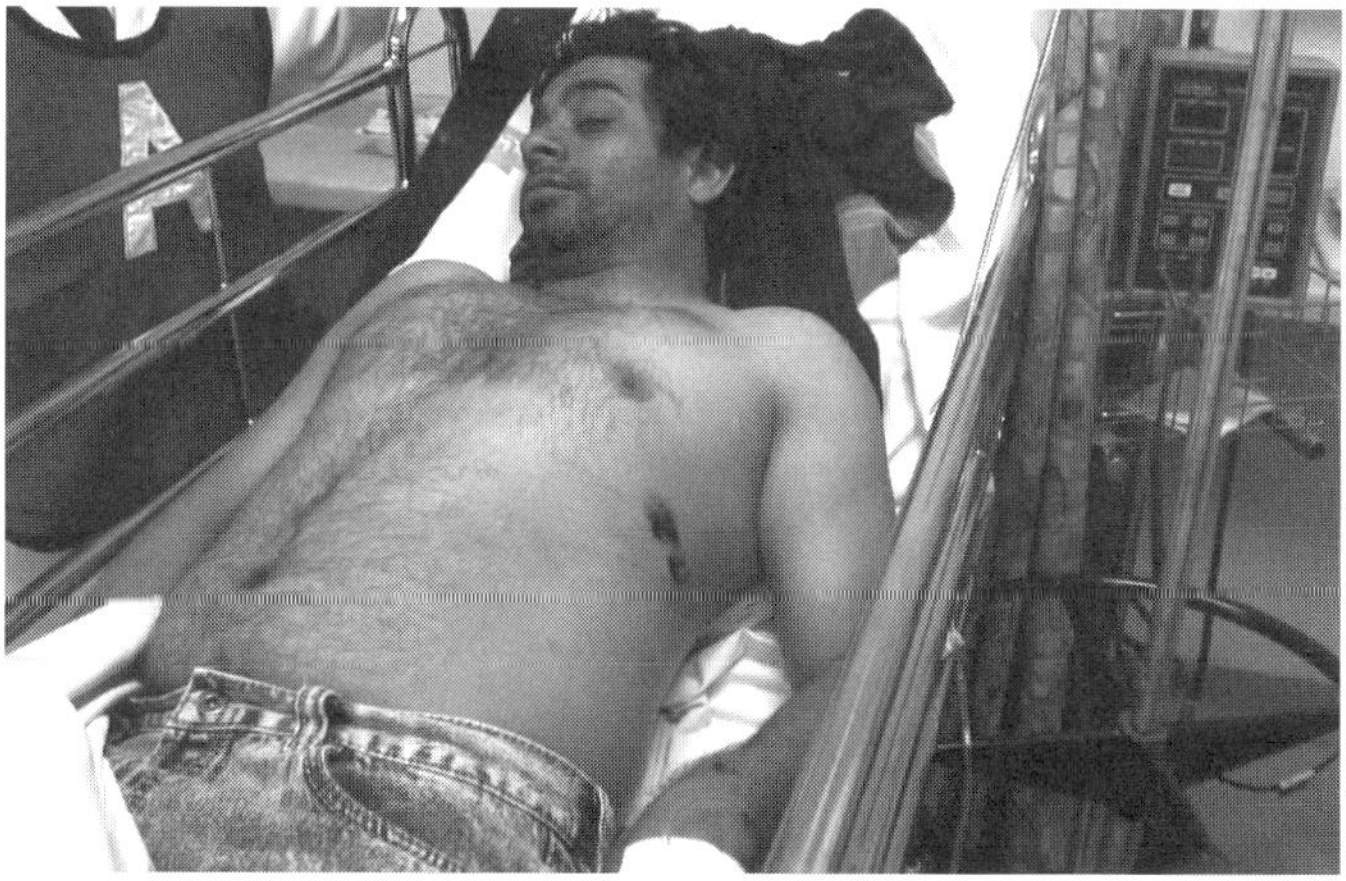

【写真7】この日は実弾ではなくゴム弾だった。この人は殺されずにすんだ

響き、みんな私のカメラに向かってVサインしている。

広場へ。

鳥肌が立った。数万の群衆。中央にはトラックを並べた即席ステージ。ステージには若者たちの遺影と抗議の横断幕。参加者の居場所が男性と女性、ロープで区切られているのはいかにもイスラム圏らしいが、どの顔も喜びと興奮に包まれている。

「軍隊は逃げていった。私たちは勝利した」主催者が叫ぶ。地鳴りのような大歓声が続く。この模様はCNNやBBCなど欧米メディアでもトップで報道された。昨日のデモ隊殺害をメディアが流したので、軍は実弾を撃てなかった。ゴム弾に切り替えていたため多数の負傷者が出たが、デモ隊の真珠広場への突入を止めることができなかったのだ。人々は広場を奪い返した。この時点では「勝利は近い」と思われた。（写真8）

翌日、やはり真珠広場へ。1人の兵士も1台の戦車もない広場で、人々は踊り叫び、歌っている。一昨日までの「虐殺広場」が、「お祭り広場」に変わっていた。

【写真8】あっという間に数万人もの人々で埋まった真珠広場。革命は近いと思われた

■米軍の出撃基地の島　ひとしきり広場を撮影した後、ここから車でわずか15分、アメリカ海軍基地に向かう。

「着いたわ、あの建物がそうよ」。タクシー運転手、ラティーファが指差す方向に茶色のゲート。ゲート前で米兵がたむろしている。遠景を撮影。基地のすぐそばに、米兵相手のレストラン、ナイトクラブ、中国系マッサージ店などが並んでいる。（写真9）ナイトクラブの前をフィリピン女性が煙草を吸いながら通り過ぎていく。海に囲まれた小さなリゾートアイランドは、米軍基地の島でもあった。沖縄と同じだ。白人が通りかかったので、ちょっと尋ねてみる。

「アメリカから？」「そう、海軍で働いているよ」「何年ぐらい？」

「03年からずっとここで。もう8年目になるよ」。

２００３年といえばイラク戦争開戦の年だ。この島は沖縄と同じアフガニスタン、イラクへの出撃場所だった。

「よく米兵を乗せるわよ。2年前、19歳の若者が『これからイラクに行く』と言ってたわ」。

ラティーファは「米軍基地があって当然」のように語る。デ

【写真9】真珠広場から車で30分。米軍基地と歓楽街がある

モ参加者にも尋ねてみたが、私のカメラの前で「ダウンダウン、ハマド」とは叫ぶが「ダウンダウン、アメリカ」と言う人は少なかった。人々は「目の前の敵」である国王ハマドには怒りを集中させている。しかしその怒りは、国王の背後にいるアメリカまでは届いていないようだった。

その後のバーレーンであるが、2011年3月にサウジアラビア軍が大量に増派され、真珠広場に集まった人々は蹴散らされてしまった。デモ主催者はもちろん、革命を支えていたあの病院の医師たち、看護師たちの多くも投獄されてしまった。そして「革命のシンボル」となった真珠のモニュメントは撤去され、広場は再び立ち入り禁止となり「アラブの春」は徹底的に鎮圧された。欧米メディアは国王とサウジアラビア軍の弾圧をほとんど報じなかった。親米独裁国家はこうして生き残り、バーレーンのアメリカ海軍第5艦隊司令部は、今もこの島を拠点として「テロとの戦い」を続けている。死者93名、負傷者2900名以上。「血が流れたデモ」は、革命にはならず「騒乱」で終わった。

## 2、「リビア革命」の激戦地を行く

### ■エジプト経由でリビア入国

それから3ヶ月後の2011年5月、私はリビア入国を目指してまずはエジプトに入った。（地図3）

巨大都市カイロは大渋滞の町であった。何はともあれタハリール広場へ。

2011年2月11日、広場を占拠した群衆が「独裁政権打倒」を叫び、ついに強大なムバラク政権を打倒して「革命の象徴」となった場所だ。

政権打倒から3ヶ月が経過していたが、広場には若者たちが集まって、様々なデモをしていた。人々の関心は隣国リビアに移っていて、カダフィー体制後の「新しいリビア国旗」を掲げている集団があると思えば、「カダフィー支持」を叫ぶ人々もいた。エジプトでは、カダフィー大佐の評価は定まっていないようだった。

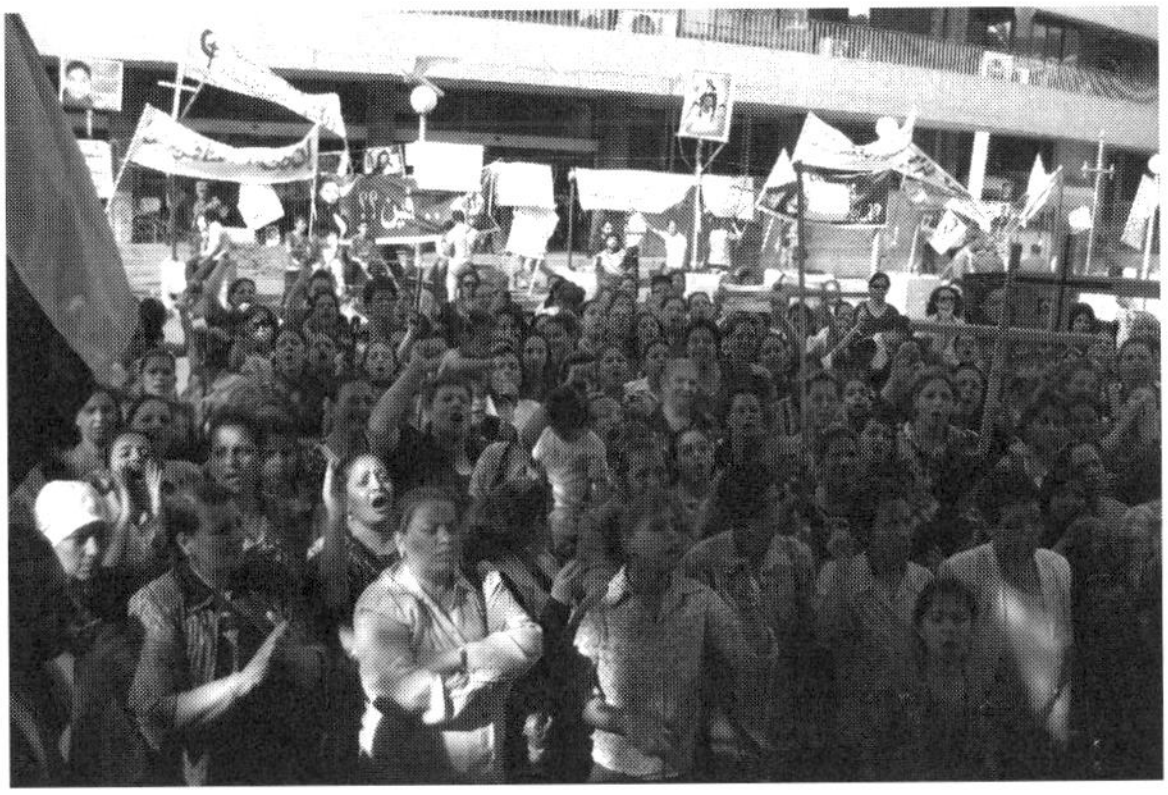

【写真 10】イスラム原理主義者に居住区を放火されたコプト教徒たち。警官に守られながら抗議行動をしていた

タハリール広場のすぐ横にナイル川が流れていて、その橋を渡ると「コプト教地区」に入る。（写真10）コプト教は「原始キリスト教」とでもいうべきもので、エジプトではマイノリティー。革命後、イスラム過激派が勢力を伸ばし、この地区の住民

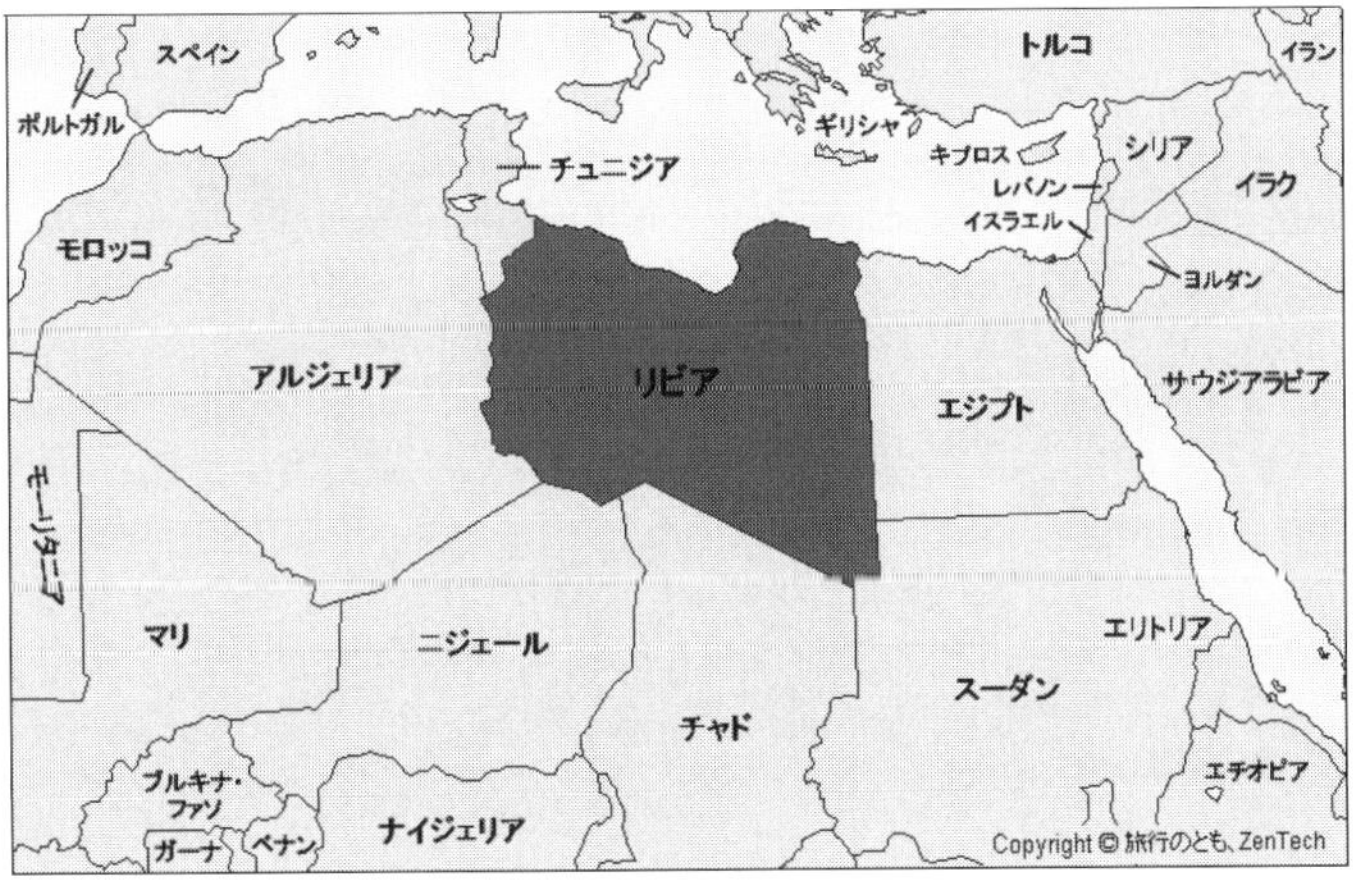


【地図 3】まずは隣国エジプトから取材した

に対して「コプト教からイスラム教へ改宗せよ」と迫り始めた。圧力に負けて、ある女性がイスラム教に改宗した。喜んだ過激派たちは、この女性をテレビに出演させて「私はイスラム教徒になりました」と宣言させようとした。ところがその女性は本番中に「私は改宗していない。コプト教徒だ」と本音を語った。激怒した過激派はこの女性を殺害し、この地区に放火したのだ。この騒動で10人のコプト教徒、5人のイスラム教徒が殺された。以後、地区の入り口では警官と軍隊がにらみを利かせていて、通行人は全て身体検査を受けないと道路を通れない。

今にして思えば、この頃から革命を手放しで喜べる状況ではなくなっていたのだ。「治安維持」を名目に多くの兵士や警官がモスク、コプト教会、大通り、路地に至るまで目を光らせていた。（写真11）人々の決起と団結で、独裁者を打ち倒したカイロは、すでに「クーデターの芽」を抱えていたのだ（その後、エジプトは軍隊がクーデターを成功させ、アメリカべったりのシーシ政権になる）。

翌朝カイロから契約タクシーを飛ばし、ひたすら西へ。エジプトは高速道路が発達していて、運転手は時速150キロで飛ばす。美しい地中海に出た。南に広大な砂漠、北にはエメラルドグリーンの美しい海がどこまでも続く。

【写真11】コプト教会も焼き討ちされた。教会をエジプト警察が警護していた

約700キロのドライブでようやくリビアとの国境に到着。カダフィーの弾圧からエジプトに逃げていたリビア人が長蛇の列を作っている。砂漠にUNHCR（国連難民高等弁務官事務所）のテントが並ぶ。リビア内戦で避難民となった人々がここでテント生活をしていたのだ。

リビア側の入国審査へ。リビアの東半分は反政府勢力が押さえている。ビザは反政府政権のもの。「あと一週間でカダフィーはこれだよ」。入国審査官が手で首を切る真似。「日本人か？ そのカメラでカダフィーの犯罪を撮影してくれ」。いとも簡単にリビアに入る。

国境からは乗合タクシーで港町トブロクに到着。街には銃声が鳴り響いている。「えっ、まだ銃撃戦が？」と身構えるが、これは「カダフィーからの解放」を喜んだ市民が、カラシニコフ銃を空へ向けてぶっ放している音だった。内戦が終わっても銃は氾濫したまま。若者たちは銃の扱いを学んだし、「実戦」で人を殺してしまった。そんな若者が新しいリビアの政治体制に不満を持てば…。この後、リビアでは新体制に不満を抱き、IS思想に洗脳された若者が、IS戦闘員としてシリアに渡航することになる。

## ■リビアという国

ここでリビアという国のアウトラインを見ておこう。地図を見てわかるように（地図3）、エジプトとリビアの国境線は真っ直ぐである。これはエジプトを支配したイギリスと、リビアを占領したイタリアが勝手に話をつけて、「東経25度で線を引いとこか」となったから。リビアの東半分は「キレナイカ」という。歴史的にはギリシャの植民地として栄えた国で、「首都」はベンガジ。西半分は「トリポリタニア」。古代、海を渡ってきたフェニキア人が開発した国で「首都」はトリポリ。その他に南には広大な砂漠が広がっていて、ここは「フェザーン」。３つの国が一つにまとめられてリビアとなった。（地図４）

今回の「リビア革命」は、２０１１年2月17日「東の首都」ベンガジで起こった。

ベンガジでは連日、「お祭り騒ぎ」が繰り返されていた。「自由、リビア。自由、リビア」と叫びながら人々が通り過ぎていく。

バーレーンと違うのは、デモ隊が武器を持っているということ。持っているどころか、ライフル銃を空に向けて発砲しながら行進する。

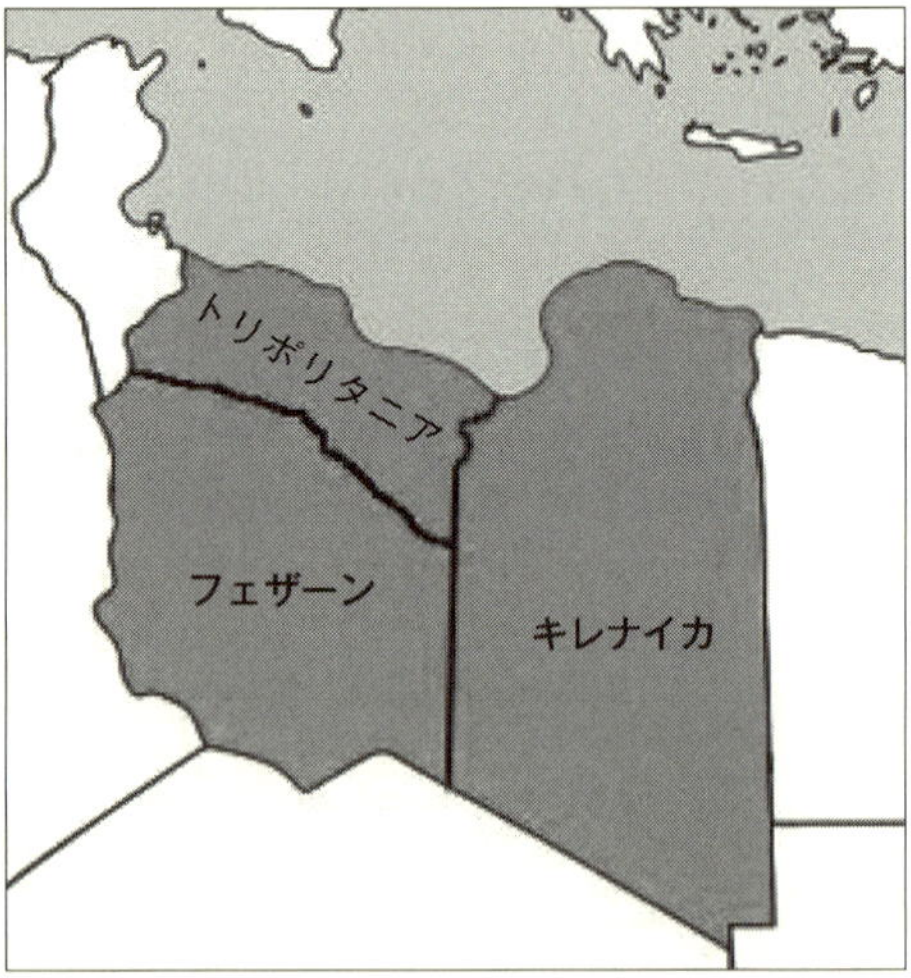

【地図４】３っつの国がまとめられてリビアになった

町のあちこちに「処刑されたカダフィー」がいる。（写真12）ねずみカダフィーが欧米社会に金を配っているマンガも。「カダフィーは豊富な石油収入を懐に入れて、欧米から武器を買い、国民を弾圧していた」と批判するマンガだ。

では人々はその欧米を批判しているのか？　事実は全く逆で、デモ行進や大集会には米、仏、英などの国旗が並ぶ。カダフィーを追い詰めているＮＡＴＯ軍の空爆への感謝なのだ。

## ■殺害された高校生義勇兵

ベンガジのジャラ病院へ。遺体安置室から「新リビア国旗」にくるまれた棺《ひつぎ》がおごそかに出棺する。棺がピックアップトラックに乗せられる。出棺の合図か、死者への弔いなのか、一人の兵士がカラシニコフ銃をぶっ放す。一発、二発…。
棺を乗せた車はベンガジの「革命広場」に入場。この頃には棺を取り巻く人々が三々五々集まってきて、葬儀は「にわか決起集会」の様相になった。（写真13）
殺されたのは19歳の義勇兵。「革命」前までは高校生だった。一昨日、前線でカダフィー軍のスナイパーに狙撃された。
「あいつは俺から2メートルの所に立っていた。遥か彼方から銃弾が飛んできて額に命中したんだ。カダフィー軍の銃は最新式。俺たちは旧式のカラシニコフ銃で戦っている」。私のカメラの前で友人

【写真12】カダフィーの写真をかぶせて「もう終わりだ」と書かれた人形。足元を支えている重りはクラスター爆弾だ

【写真13】犠牲になった兵士の棺を担いで行進する兵士たち

が唇を噛む。
祈りが始まる。人々はメッカの方角にひざまずいて、その後地面に頭をこすりつけるようにして礼拝する。（写真14）
群衆とともに墓地へ。棺を持った兵士に、大群衆が続く。アラーアクバル！（神は偉大なり）祈りの声とともに銃声が鳴り響く。遺体を埋葬し、最後は地対空砲の連射。亡き人を弔う方法はその国の文化や宗教によって違うが、涙は共通。親戚の若者、同級生たちなどが抱き合って泣いている。
墓地へと続く道に、ぶっ放した「弔い弾」の薬莢《やっきょう》が転がっている。カラカラカラ。小さな薬莢を蹴飛ばすと、薬莢はコンクリートの通路を墓地の門まで転がっていった。

**■激戦地ミスラタは廃墟に**　一週間後の深夜1時、ベンガジ港を出港。（写真15）激戦地ミスラタまでは20時間の船旅。
なぜ船で行くか？　それはミスラタ周辺の都市は全てカ

【写真14】兵士たちの祈りが始まった

ダフィー軍が支配していて、陸路で行けば間違いなく「拉致されるか殺される」。上空はNATO軍が「飛行禁止」にしていて飛行機は飛ばない。だから船しかない。数百人に及ぶミスラタへの帰還民と一緒に船内でごろ寝。

　午前8時、大海原に太陽が昇る。進行方向に向かって左がアフリカ、右がヨーロッパ。時にはイルカが顔を出すという。

　午後9時、ようやくミスラタに到着。闇の中で抱き合う人々と救急車のサイレン。まずはベンガジの病院から移送された人々をミスタラの病院へ送り込む。全てのけが人を運び出した後、大型トレーラーに積み込まれてミスラタ港を出る。通りにはカラシニコフ銃、RPGロケット弾を肩からかけた民兵がたむろしている。何台かのトラックとすれ違うが、全てのトラックの荷台に対空機関砲。ついに戦場までやってきたのだ。深

【写真15】ミスラタからベンガジに避難してきた人々。今から逆に、この船でミスラタへ行く

【写真16】ミスラタの街は廃墟になっていた

夜11時、内戦で破壊されたホテルに宿泊する。

停電で真っ暗なホテルの一室。パンパンパンと乾いた銃声がこだましている。空に向かっての「葬い弾」か、それとも銃撃戦の訓練か。水のシャワーを浴びて、泥のように眠る。

翌朝、通訳バシールと共にミスラタの中心街へ。「あーこれは酷い」。街全体が廃墟だ（写真16）。瞬時に「地震と津波で破壊された東北の街」を思い出す。戦争も地震も、家屋を押し倒し、商店街を根こそぎ焼き払ってしまう。違うのは、戦争の場合「ビルに穴が空いている」こと。（写真17）ビルの穴は大中小の3種類。大は戦車砲からの砲弾、中はロケット弾、小は機関銃によるものだ。違いがもう一つ。この街には原発がないので、「放射能は飛び散っていない」。あとは似たような光景になる。

【写真17】ビルの穴は大中小の3種類

**■市街戦の中心地トリポリ通り**　ミスラタ市内を貫く「トリポリ通り」へ。この通りこそ、悲惨を極めた市街戦の中心地。ベンガジで起きた「アラブの春」はここミスラタに波及し、11年3月、いったんミスラタは反政府軍の支配下になった。翌4月、カダフィー軍は猛烈な反転攻勢に出る。リビアの豊富な石油収入で、カダフィー大佐は欧米から武器を買い漁っていたのだ。トルコ製の155ミリロケット弾、ロシア製カチューシャロケット、イスラエルが作ったクラスター爆弾、フランスの地対地ミサイル…。

まさに「武器の見本市」となった戦争。反政府ゲリラはカラシニコフ銃とRPGロケット弾で対抗するが、次第にカダフィー軍が優位に立ち、トリポリ通りはカダフィーに支配されてしまった。ビルのあちこちにスナイパー。「動くものは全て撃て!」という方針。かくして子ども、女性、お年寄りが次々と犠牲になっていった。

トリポリ通りの両サイドにはビルが建ち並んでいて、その中の一つ7階建てビルの屋上へ。

カダフィー軍のスナイパーがビル屋上の壁に穴を空け、その穴から人々を狙撃していた。狙撃穴の周りにはジュースの空き缶、ビスケットの空き箱が転がっている。(写真18)「スナイパーはここで食事をして、気が向いたら、この穴から撃ち殺していたんだ」。通訳のバシールがつぶやく。

【写真18】7階建てのビルの屋上にスナイパーが13人いた。この穴から通行人を狙撃していた

そんなミスラタの虐殺を止めるために、NATO軍が空爆を開始。カダフィー軍の戦車はことごとく破壊され、兵士たちは一斉にトリポリへ逃げ出した。そして5月（つまり取材した月）、ミスラタは再度、反政府勢力の支配地域となった。

多くの市民が虐殺され、粉々になった街並みが残った。

## ■激戦の最前線へ

2011年5月27日はミスラタでの最終日。前線へ向かう。ミスラタ市内から前線までは約30キロ、車で飛ばせばわずか30分。

通訳バシールの車で、「トリポリ通り」を西へ。右手に地中海、左手に中国系企業団地。漢字で「なんとか公社」と書かれている、その工場群が、ミサイル攻撃で破壊されている。スーダンもそうだったが、中国のアフリカ進出は凄まじい。スーダンもリビアも石油が出るのだ。

20分ほど走ると最初のチェックポイント。日本から来たジャーナリストだとわかると、「カダフィーダウン」「アッラーアクバル」。兵士たちが私のカメラに向かって大騒ぎ。昨日は迫撃弾で仲間の兵士が5名死亡した。本日はその報復で朝から激しい戦闘になっている。

チェックポイントで兵士の写真を撮影していたら、別の兵士を乗せたピックアップトラック4台が、猛スピードで前線に向かう。援軍を送り込んでいるのだ。急いでそのトラックを追いかけながら、第2、第3のチェックポイントを過ぎ、あっという間に前線へ。

ダダダダダッ、車を降りた途端、腹に響く銃声。

大きなトレーラーが通りを遮断している。そのトレーラーの周囲には土が盛ってあって、その盛土が「前線」だった。

「よー来たな。まぁ茶でも飲め」。兵士たちが茶を進める。

「こんなところで落ち着けるかい！」気が気ではないが郷に入っては郷に従えともいう。「早く撮影させて。そして早く帰らせて」。心の中で叫びながら、作り笑顔を凍らせながら茶を飲み干す。

兵士が盛土の上から銃を撃ちまくっている。トラックの荷台には対空機関砲。カラカラカラとハンドルを回すと、対空機関砲の銃身が水平になる。隣には肩からＲＰＧロケット弾を担いだ兵士。双眼鏡で敵の動きを観察していた兵士が「撃て！」と叫ぶ。（写真19）

ズドーン、轟音とともに機関砲が発射され、数キロ先で煙が上がる。カダフィー軍側まで約5キロ。向こうからも撃ってくる。わずか数百メートル先の民家から煙が上がる。カダフィー軍の迫撃弾が命中したのだ。あの家に人がいなければいいが。このような迫撃弾と機関銃の撃ち合いがしばらく続き、頃合いを見てＲＰＧロケット弾を肩から担いだ「決死隊」が相手側に近づいていく。

もちろん「決死隊」は反政府兵士だけではなく、カダフィー側の兵士も木々やその他障害物にまぎ

【写真19】前線ではマシンガンや対空機関砲の撃ち合いが続いていた

れて近づいてきて、ロケット弾を撃ってくる。

「危ない、離れろ！」兵士が叫ぶ。対空機関砲に近づきすぎると、自陣の放った砲弾の熱で大やけどするのだ。

ズン、ズン、ズシーン。対空機関砲は連射式。轟音とともに土煙。間近で撮影していると、耳がおかしくなる。

「もう限界だ。長居は危険、早く退散しよう」バシールが促す。確かにあの迫撃弾の直撃を受けたらひとたまりもない。前線を去ろうとしたその瞬間、パンパンパン、盛土から外へ出てマシンガンをぶっ放す若者。（写真20）カダフィー軍の兵士を発見したようだ。撃たれれば間違いなく死亡。彼は狂ったようにマシンガンを連射している。

「早く車に乗れ！　ぶっ飛ばすぞ」バシールが叫ぶ。そろそろ潮時だ。迫撃弾は、文字通り「迫ってくる爆弾」だ。相手側が距離を測り、兵士のいそうな場所に打ち込んでくる。だんだんと狙いが定まってきているのがわかる。

猛スピードで前線から遠ざかる。「まだここは迫撃弾の射程距離だ。一目散に遠ざかるのが肝心だ」。

【写真20】敵を発見した兵士がバリケードの前へ出てマシンガンを連射した

バシールの言葉にうなずきながら、「安全圏」へと戻る。

午後5時、ベンガジへの帰還船を待つ。「臨時ニュース」が飛び込んできた。「本日、前線で地元ラジオ局のレポーターが迫撃弾の直撃にあって死亡、2人が重傷」。アルジャジーラテレビが伝えている。私たちが去ってから1時間後の出来事。危なかった。ラジオ局記者のご冥福を祈る。

午後9時、ミスラタ発ベンガジ行きの大型船が出港。ベンガジまでは20時間の船旅。地中海は何事もなかったかのように静かに波打っている。大きな月が出ている。平和であれば、この港は繁栄していたに違いない。ここでは石油が出るし、海産物も豊か。「なんで人々は戦うのだろう?」「仲良く富を分け合えば、いいところなのに」。そんなことを考えているうち、深い眠りに落ちていった…。


その後のリビアはどうなったか? ご存知のようにNATO軍の強烈な空爆で追い詰められたカダフィー大佐は、首都トリポリから逃げ出していた。行方の分からなかったカダフィー大佐は2011年10月20日に、故郷のシルトで排水管に隠れていたところを、反政府軍兵士に発見され殺害された。故郷ティクリートの穴倉に隠れていたイラクのフセイン大統領と、ほぼ同様の末路だった。

## 3、大国のダブルスタンダードに翻弄される民衆

■大国のダブルスタンダード　私はカダフィー大佐の殺害を素直に喜べなかった。なぜか？それは大国の「ダブルスタンダード」を感じるからだ。

2月のバーレーン、独裁者のハマド国王が一方的に無実の人々を虐殺していた。しかし「人道的」であるはずのNATO軍は、親米政権ハマド国王の軍を空爆しなかった。民主化を求めて決起した人々は「敗北」した。

一方リビアではカダフィー大佐がデモ隊を虐殺すると、「人道的」なNATO軍は、すぐさま反米政権で「アラブの狂犬」であるカダフィー大佐に空爆を仕掛けた。そして決起した人々は「勝利」した。この2ヶ国の民衆蜂起は同じように「アラブの春」とは呼ばれるが、結果は正反対だ。そして根本的な疑問が浮かぶ。

本当にリビアの人々は「勝利」したのだろうか？

革命後、武器が溢れたリビアは部族同士が石油利権をめぐって争うようになった。そんな「新しいリビア」に幻滅した若者がISに洗脳され、シリアへ行く。治安は乱れ、国は無政府状態になった。皮肉なことにこれが民主化を求めた「結果」だ。では本当に勝利したのは誰だろうか？

戦闘機もミサイルもリビア空爆でたくさん販売できた。リビアの石油はカダフィーから奪い取れた。そして紛争の種がシリアに飛び火して、「テロとの戦い」は際限なく続いている…。本当に「勝利」

したのは、ここでも軍産複合体、石油メジャー、そしてそんなところに投資している金融資本だと言える。

## ■真の勝者は「死の商人」

最後にシリアである。リビアに続き「アラブの春」が起きたシリア。リビアと同じようにデモ隊が次々とアサド軍に虐殺されていく。アサド大統領はカダフィー大佐と並んで「反米だ」と言われている。なぜNATO軍はアサド軍に対して「人道的な空爆」をしなかったのだろうか？

アサド政権は反米国家だ、と言われるが、実はそうではないのだ。1991年の湾岸戦争では、イラクのフセインにつかずに、アメリカ側、つまり多国籍軍側に立っている。アサドは旧ソ連側にもつくし、時によってはアメリカ側にも立つ。アサド＝少数派政権が権力を握り続けるには、反米・親米イデオロギーではなく、自分たちが生き残るための現実的利害で行動する。

確かにパレスチナ問題、ゴラン高原問題を抱えているシリアは、反イスラエルである。しかしシリアにおける今回の民衆蜂起で、目立ったのがスンニ派の「ムスリム同胞団」だった。下手にアサド政権が倒れてしまえば、権力を握るのは過激なスンニ派たちだ。「ムスリム同胞団」だけは嫌だ。これがイスラエルの本音。イスラエルと戦うハマスは、もともと「ムスリム同胞団ガザ支部」だ。アメリカもイスラエルも「それならアサドの方がマシ」と考えていて、積極的な介入を避けた。両国の本音は「泥沼の内戦になってアサド軍も反政府軍も疲弊すれば好都合」なのだ。そして泥沼の内戦が続けば…。どちらの側にも武器を売り続けることができる。ここでも真の勝者は「死の商人」だ。

石油やダイヤモンド、地下資源のあるところに戦争あり。そして戦争は「欧米諸国」、つまり大国の都合で「早期に終わる場合」と「長々と続ける場合」がある。私たちは気づかねばならない。「戦争はイデオロギーではなく、利権で動く」ということを。

第6章

# 平和の切り札「北風と太陽」

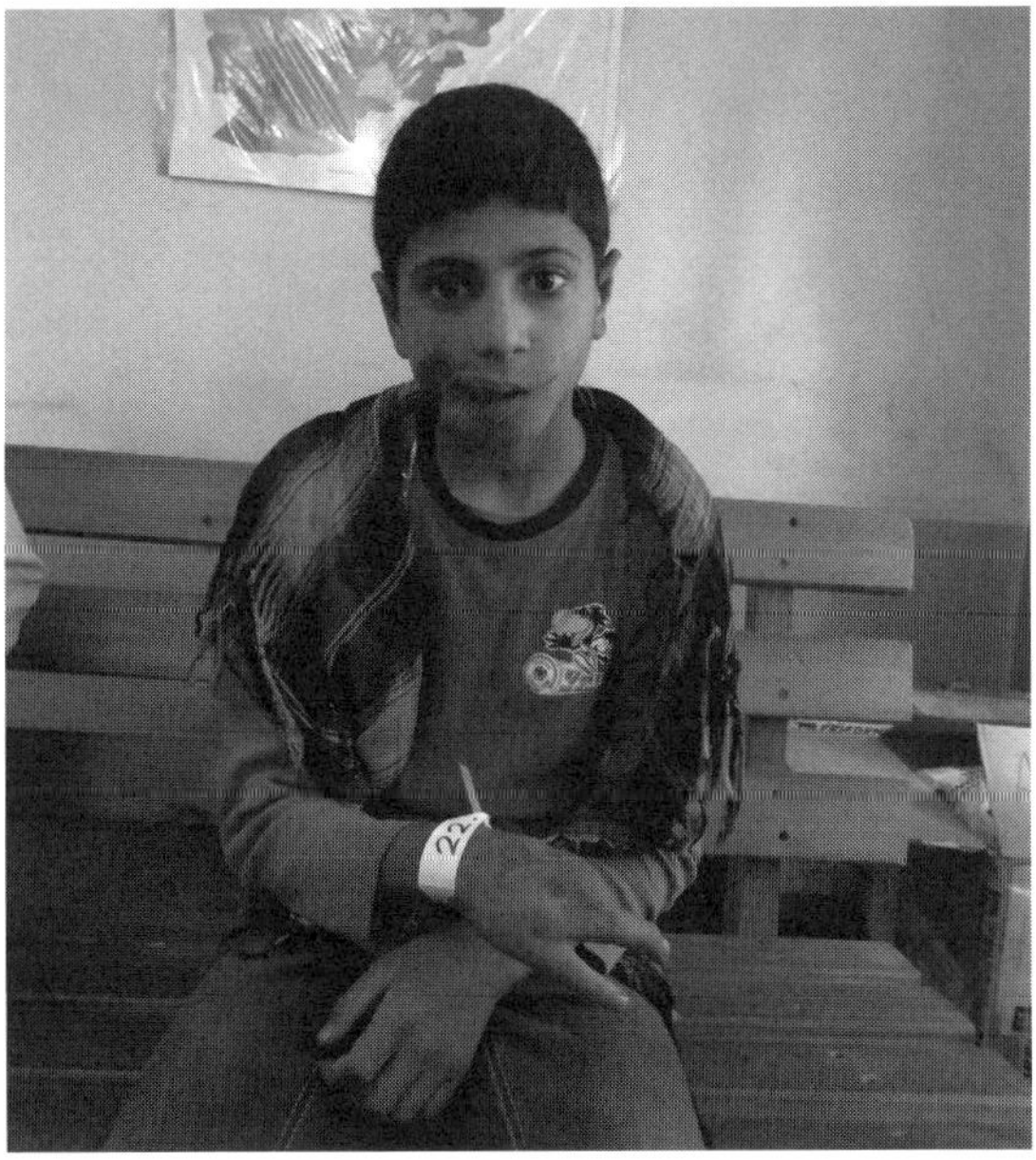

ペン型爆弾で口に穴が空いたツバイヤー君。これからドイツへ。果たして手術は成功するだろうか
（アフガニスタン・カブール　2013年8月）

前章までは、フランスのテロが怪しいことや、アラブの春がダブルスタンダードであること、そして戦争はウソで始まる場合が多いことなどを述べてきた。

では、いったん勃発した戦争を停戦させ、平和な社会を作り出すためには、何をしていけばいいのだろうか？

北風と太陽。

アメリカ、ロシア、フランスなどがシリアやイラクへ猛烈な空爆を続けているが、この「北風作戦」では戦争はなくならない。いや、むしろ無辜の人々を巻き添えにして、大量の犠牲者が出る。その結果、反米、反ロ、反仏感情を高めてしまい、またまたパリやニューヨーク、モスクワなどでテロが起きるだろう。

暴力を暴力で抑え込むことはできないのだ。

怒りを鎮め、人々に希望を与える「太陽作戦」こそ、平和への切り札。

## 1、アフガニスタンでできる日本の役割

### ■G7で唯一地上部隊を送り込まなかった日本

アフガニスタンの例で考えてみよう。

「アフガニスタンではタリバンと米軍が泥沼の戦争をしています」と報道されることが多い。厳密にはこれは間違いで、アフガニスタンで「タリバン掃討作戦」をしているのは米軍だけでなくイギリ

ス、フランス、ドイツ、イタリア、カナダ…。そう、NATO軍がアフガンに乗り込んでいって、実際に殺し殺される関係になってしまった。

なぜこんなことになったかというと、それは2001年の911事件。

アメリカのニューヨーク高層ビルに飛行機が突っ込み、約3千人の死者が出た。この凄惨なテロ事件の首謀者はアルカイダのウサマ・ビンラディンだと発表された。本当に19人だけであんなにも大規模なテロが起こせたのか？　飛行機が当たっていないWTC7が崩壊しているのはなぜか？　色んな疑問があるがそれは置いておく。にっくき犯人ウサマ・ビンラディンはアフガニスタンにいる。ヤツらを殺害せよ！　アメリカは個別的自衛権を行使してアフガン戦争に突き進んでいく。イギリス、フランス、ドイツなどはアメリカへの集団的自衛権で、戦争に参加してしまった。2001年当時、集団的自衛権を行使できなかった日本は、先進国で唯一、地上部隊を送り込まなかった（インド洋で米国の戦艦に給油したが）。

つまりG7の中で日本だけが「誰も殺していないし、殺されていない」のだ。私は、これは素晴らしいことだと思っているが、どうも安倍首相はこれが気に入らないらしい。雑誌の対談で「日米同盟は血の同盟」と述べている（『この国を守る決意』安倍晋三、岡崎久彦著）。つまり南スーダンでもジブチでもどこでもいい。自衛隊員の血が流れてくれれば…。

「お金だけでなく、人でも貢献したでしょう？」。安倍首相は自衛隊員の命と引き換えに、アメリカと「対等な関係」になりたがっているのではないか。

安倍内閣は今や完全に破綻したアメリカ流の「北風作戦」に無理やり乗っかろうとしている。

しかしアフガニスタンの人々が求めているのは、全く逆の行動だ。

誰も殺していない日本。歴史的にアフガニスタンを侵略したことも占領したこともない、NATO軍に入っていない日本。欧米諸国よりもずっと立ち位置のいい日本こそが、本当ならアフガニスタン戦争を終わらせることができる。

## ■仲介役が果たせるのは日本だけ

具体的に考えよう。戦争の当事者は互いに相手を打ち負かすために必死である。この場合はアフガニスタン政府軍とタリバン軍だ。しかし戦争が長引くと、互いに疲弊してしまうので、本音は「もういい加減にやめてしまいたい」。しかし両者からは「そろそろやめませんか?」などと口が裂けても言えない。だからこそ第三者の仲介が必要になる。ここに平和を願うフランスの団体がいて、「パリで和平会議をしましょう」と呼びかけても、タリバンは行かない。フランスはすでに大量のアフガニスタン人を殺してしまったし、殺されてしまった。ドイツ、イタリア、カナダも同様。では誰が仲介役を引き受ければ一番いいか?

日本だ。アフガニスタンの全ての武装勢力は「東京会議」なら集結できる。ひとたび「東京会議」が開催できれば、「新生アフガニスタンへのロードマップ」を描くことができる。アフガニスタン政府はタリバンを政党として認める代わりに、タリバンは国連の武装解除に従う。公平な選挙はいつまでに実施して各勢力は選挙結果に従う、そして暫定政府をいついつまでに結成して…。

日本政府がこのような和平交渉の下支えをして、アフガニスタン戦争を停戦に持っていく重要な仕事をすれば…。間違いなく、日本はその年のノーベル平和賞を獲得するだろう。世界は日本を賞賛し日本製品の販売が伸びていく。そして景気も回復し…。平和外交は、「ウインウイン（両者が得をする）」の関係を作ることにもつながる。

もし日本政府にその気があれば、今はこのような「太陽作戦」を行う絶好のチャンスが訪れているのだと思う。残念ながら安倍政権には「太陽作戦」をするつもりがない。もう少しまっとうな「平和推進内閣」が日本にあれば、上記の歴史的大仕事は可能だ。ＴＰＰやカジノ、沖縄基地建設強行、年金カットに戦争法。今の安倍内閣が強行しているのは「ルーズルーズ（みんな損をする）」政治なのだ。いろんな意味で、早くこの政権を終わらせなければならない。

## 2、アフガニスタンの「太陽作戦」の実践例

**■ドイツ国際平和村とは**　世界には「太陽作戦」の具体例がいっぱいある。ここではＮＧＯドイツ国際平和村（以下、平和村）の実践を挙げておきたい。

ドイツ北部オーバーハウゼンという町に、平和

【地図１】ドイツ北西部、オーバーハウゼンに「ドイツ国際平和村」がある

村がある。（地図1）

なぜ平和村はドイツで生まれたのだろうか？

ドイツは日本と比べて、第2次世界大戦での侵略行為を真摯に反省し、謝罪している。そんな反省から、ドイツでは憲法に当たる基本法で「戦争で傷ついた人を保護しなければならない」と定めている。

第2次大戦後、米ソ冷戦となった世界で「熱い戦争」が始まったのが、中東とベトナムだ。1967年6月に第3次中東戦争が勃発すると、「これ以上の戦争はダメだ」「今この瞬間も子どもたちが戦争で傷ついている。なんとかして助けたい」。このような思いから、ドイツの人々が立ち上がった。紛争地に飛行機を飛ばして、重傷の子どもを連れてくる。そしてドイツで治療して送り返すという素晴らしい活動が始まった。当時の平和村（写真1）は主にベトナム戦争で傷ついた子どもたちを受け入れてきた。時代の変遷とともにそれがアフガニスタン、パレスチナのガザ地区、アンゴラの子どもたちに変わっていく。

【写真1】60年代はベトナムの子どもを受け入れていた © ドイツ国際平和村

さらに時代が下って2001年に911事件が勃発、対テロ戦争が始まった。そして「平和村」にやっ

てくる子どもたちの一大勢力がアフガニスタンになった…。（写真２）

そんな「平和村」を２０１３年から15年にかけて取材した。きっかけはカタログハウス社の『通販生活』。13年春、『通販生活』の編集部から電話がかかってきた。「西谷さん、今年もアフガニスタンに行かれますか？」「ええ、行きますよ」「それならぜひ、平和村を取材してほしいのですが…」。

私はその時まで平和村という名前を聞いたことはあったが、その詳細を知らなかった。これはアフガニスタンを取材している者として大変恥ずかしい限りだ。調べれてみれば、平和村は素晴らしい活動をしているではないか。『通販生活』の提案は願ってもないことだった。

平和村では毎年２回、ドイツからアフガニスタンに飛行機を飛ばし（援助便という）、戦争で傷ついた子どもを治療して本国に送り返している。「西谷さん、ぜひカブールでその模様を撮影してほしいのです」。援助便は8月に飛ぶらしい。私の職業は英語で言えばフリージャーナリストになるが、日本語にすれば「無職」なのだ。8月に入っていた、わずかな仕事をキャンセルし、カブールに飛んだ。

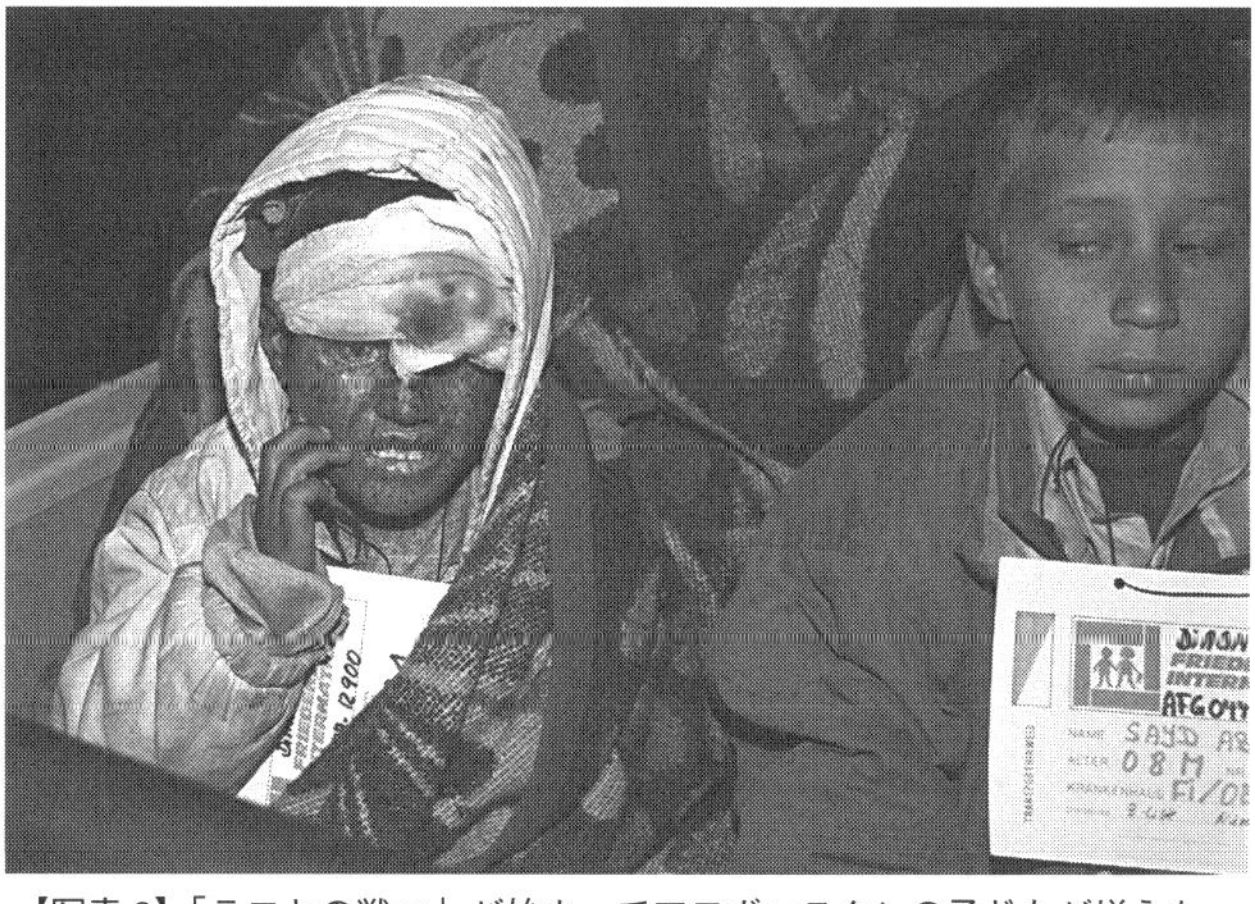

【写真２】「テロとの戦い」が始まってアフガニスタンの子どもが増えた
©ドイツ国際平和村

## ■カブールの赤新月社で

「通学路でペンを拾ったんだ。ちょっと重かった。ペン先が開かないので、口にくわえて引っ張ったんだ。そしたら…」。ツバイヤー君（10）の記憶はそこで途切れている。閃光が走り、気がつけば病院のベッドの中。口に大きな穴があき、「ペンに似たもの」を持っていた右手の指は吹き飛んでいた。（章扉の写真）これはペンシル・デトネイター（鉛筆型起爆装置）と言って、第2次世界大戦中にイギリスが開発した兵器。

これは米軍がばらまいたものに違いない。タリバンにはこのような爆弾は作れないし、持っていない。なぜこんなにも残酷な爆弾が？

米軍は少年兵に手を焼いている。自爆テロを仕掛けるのは、総じて若者が多い。マドラサと呼ばれるイスラム神学校で、誤ったイスラム原理主義に洗脳された若者がタリバン兵となって突撃してくる。神風特攻隊が10代、20代の若者中心だったように。

そんな「文字通りのタリバン」（タリバンとはアラビア語で学生という意味）に手を焼いた米軍が、このような爆弾をばらまいたと見るのが自然だ。

２０１３年8月13日、カブールの赤新月

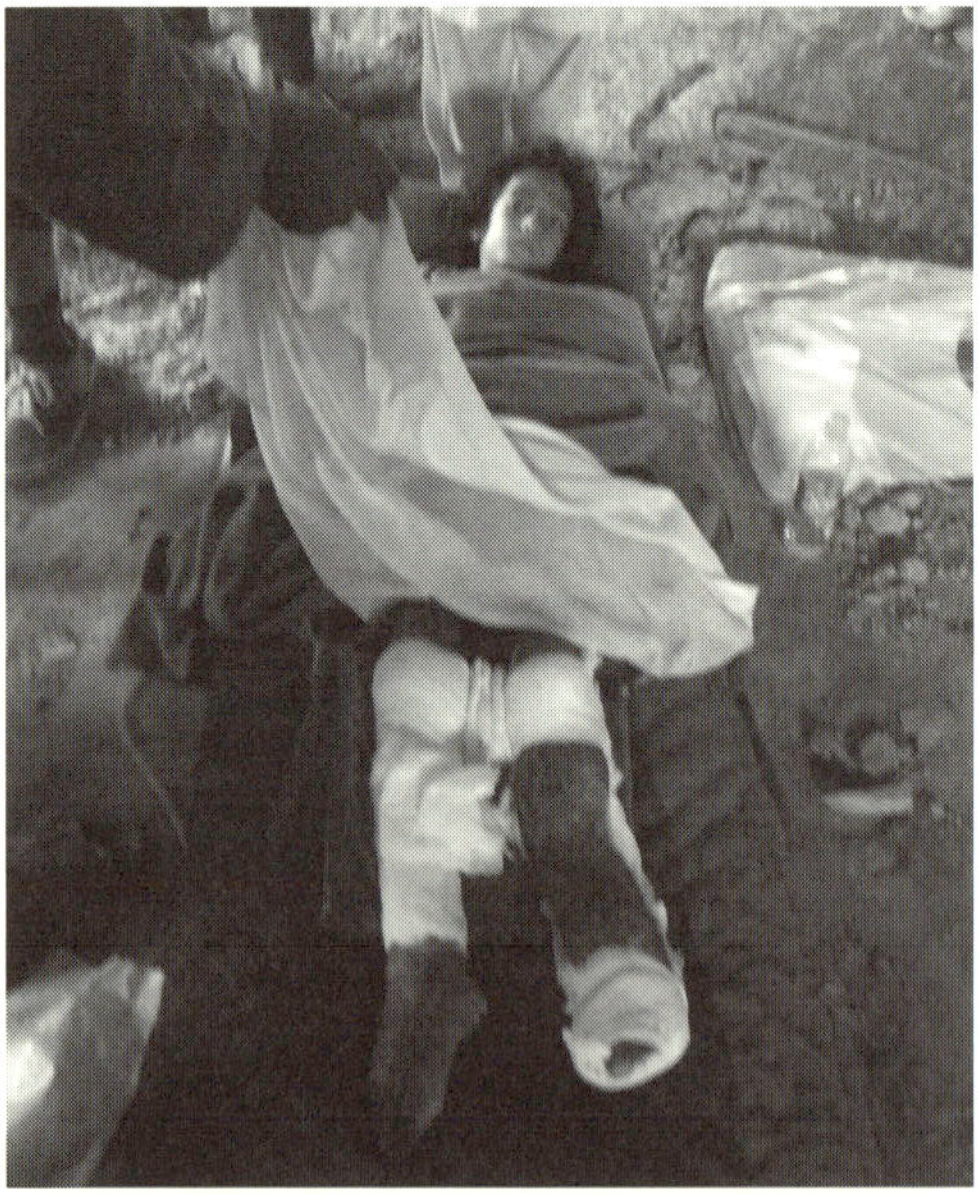

【写真3】このときアミナちゃんの両足にはハエがたかっていた

社（日本の赤十字社にあたる組織）事務所にはツバイヤー君のような戦争被害を受けた子どもたち57名が参集した。彼らは明日、ドイツへと飛んでいく。

ツバイヤー君の隣に横たわっていたのが、アミナちゃん（10）だった。（写真3）4ヶ月前、親族の結婚式に招待されて、母と一緒にカンダハルの国道をドライブしていた。突然閃光が走り、身体ごと吹き飛ばされた。カンダハルでは国道を通行する米軍を狙って、タリバンが路肩爆弾を仕掛けてくる。母は即死、彼女は両足に重傷を負った。

両足にハエがたかっている。すでに細胞が死にかけて腐り始めている。すでに足ではなく「肉のかたまり」と判断したハエが、「獲物」に近づいてくるのだ。急いで手術をしないと、腐った足から毒素が体内をかけめぐり、この子は死んでしまう。死を覚悟していたのか、この時アミナちゃんは何を質問してもまともに答えてくれず、その表情は絶望の中に沈んでいた。

翌朝、子どもたちと平和村スタッフがバスに乗り込む。このバスでカブール国際空港からドイツへと飛んでいく。直前まで両親と一緒にドイツに行けると思い込んでいた子どもたち。ここでお別れと知って、大泣きする。ドイツでの治療は半年から2年程度という。次にここへ戻ってくるときは、輝くような笑顔を見せてくれることだろう。

## ■先天性奇形の子どもが多い背景

子どもたちの中には、やけどで重傷を負った子ども、先天性奇形の子どもが多かった。その背景について考えてみたい。

ザミア君（7）は、1歳の時にパン焼き釜に落ちた。（写真4）アフガニスタンでは大やけどを負って亡くなる子どもが後を絶たない。

なぜか？　それは「戦争による貧困」が原因だ。アフガニスタンは、多くの家庭がガスも水道もない生活を強いられている。日本のように台所と寝室が分かれているわけでもない。人々は地面に穴を掘ってかまどを作り、薪やゴミで火をおこして調理する。アフガニスタンの冬は寒く、零下20℃の凍てつく夜もある。寒い夜、唯一の暖房は地面の穴だ。幼児が暖を求めて釜に近づく。そして…。炎の中に落ちてしまう。頭から釜に落ちたとき、ザミアくん（当時1歳）は反射的に両手で踏ん張ったのだ。顔面が焼けただれ、溶けた指は癒合してしまったが、かろうじて一命を取り留めた。応急手術でなんとか助かったが、アフガニスタンでの治療はここまで。顔面の整形手術と、手指が切り離され、両手でフォークや鉛筆が持てるようになり自分で食事や勉強ができるようになるためには、ドイツに行くしかないのだ。

ズハイル君（4）の首は、先天的に膨れ上がっている。（写真5）2001年10月、米軍の猛烈な空爆によって多くの村はタリバンから「解放」された。「劣化ウラン弾という名前は聞いたことがあ

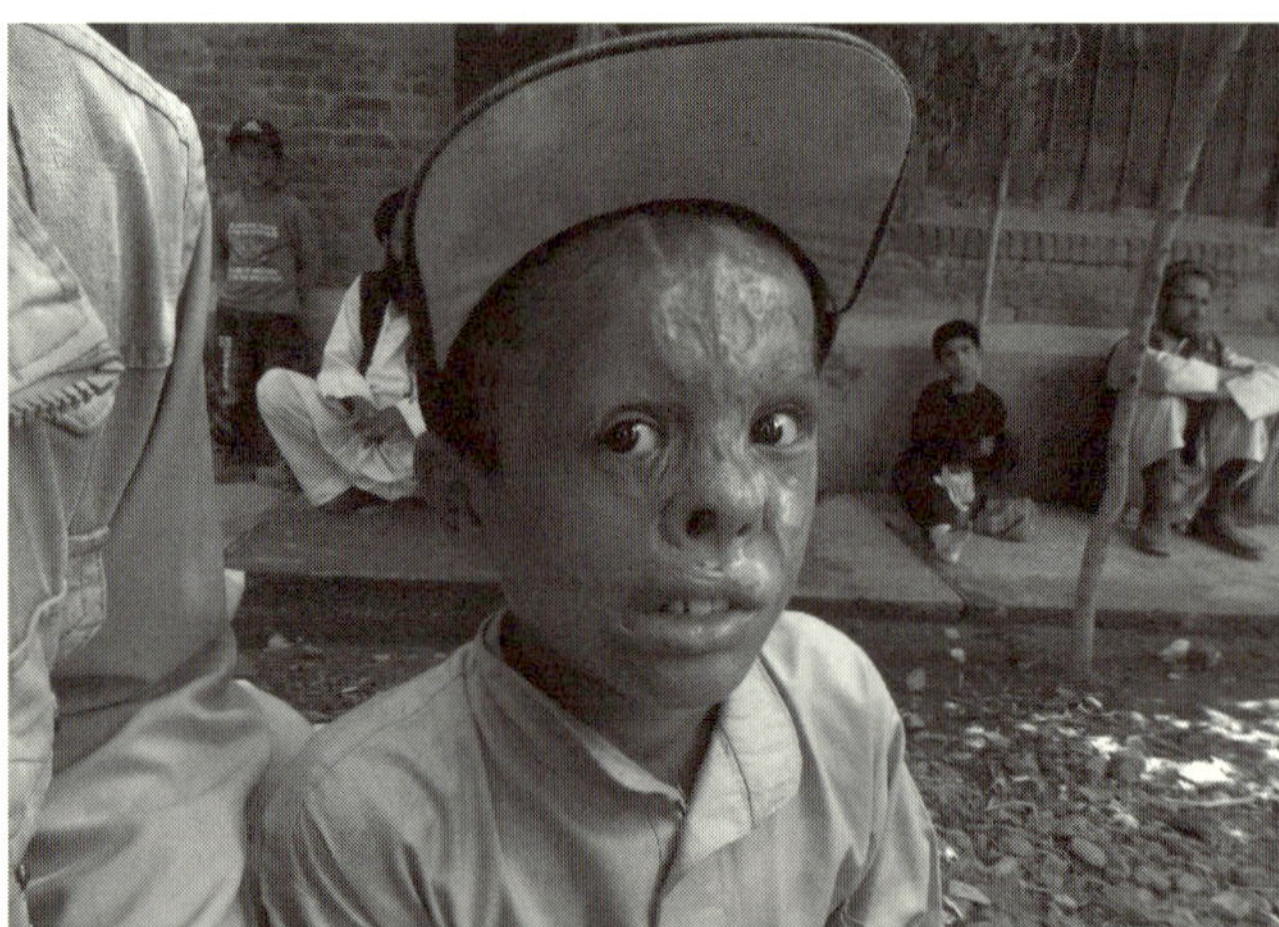
【写真4】パン焼き釜に顔から落ちた。アフガニスタンではこのような事故が頻発する

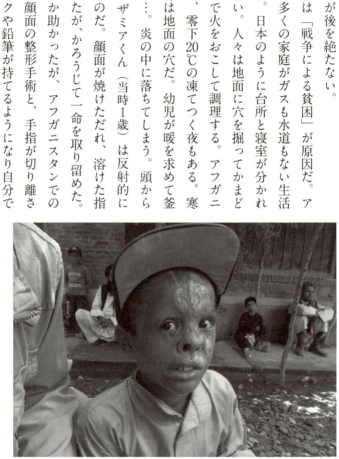

るが、どんな物かは知らない」と父親は言う。しかし村には同じ症状の子どもがたくさんいる。父親はカメラの前で「これは、戦争が原因だと確信している」と証言した。イラクのバグダッド子ども病院にも、先天性奇形の子どもがたくさん入院していた。イラクの人々は劣化ウラン弾の名前だけでなく、その危険性も知っていたし「米軍が憎い」という声もたくさん聞いた。ここアフガニスタンでは、人々はまだ辛うじて名前だけ知っている状態である。その背景にはカルザイ政権がある。アメリカの都合で大統領に選ばれたカルザイ大統領（当時）は、国内で劣化ウラン弾被害（＝アメリカの戦争犯罪）をタブーにしていて、追及する医師は捕まってしまうし、メディアは被害を報じていない。

【写真5】米軍のタリバン掃討作戦で劣化ウラン弾が大量に使われた。まだ因果関係は証明されていないが…

**■インディラガンジー子ども病院**　ドイツ行きの子どもたちは、500～600名の応募者の中から選ばれた。では「選に漏れた子どもたち」や「平和村の存在すら知らない子どもたち」はどうしているのだろうか？

カブールの旧市街に、インディラガンジー子ども病院がある。

「よー来たな」。顔なじみになったハビーブ医師とハグ。毎年この病院を取材するが状況は変わらず。薬も保育器もレントゲンなどの医療機器も絶望的に不足している。

まずは緊急病棟へ。ギャーッと泣き叫ぶ声がこだまする。大やけどを負った子どもが水をかけられ、全身を震わせている。今朝、熱湯をかぶったという。あわわあわわと声にならない声を出している。「助けて」。小さな瞳がカメラをみつめて訴えかける。パン焼き釜に落ちた子どもが泣いている。両手はガーゼにくるまれ、顔に大やけど。あのガーゼの下の両手指はすでにくっついてしまっているのだろうか？（写真6）

栄養失調の子どもがベッドで泣いている。ムスタファ君（1）の母親は栄養不足で母乳が出なかった。口をチュパチュパと細めては、オッパイを求める仕草。「食べ物を買うお金がなかったの」。ベッドの隣で、母親が寂しそうにつぶやく。なんでここまで放っておいたのか！　日本なら叱責するところだが、この母子には金がない。弱っていくムスタファ君を見かねた近隣の人々がお金を貸してくれ、カブールの病院までたどり着けた。バス代3千アフガニー（約6千円）。わずか6千円のお金が工面できないことで、

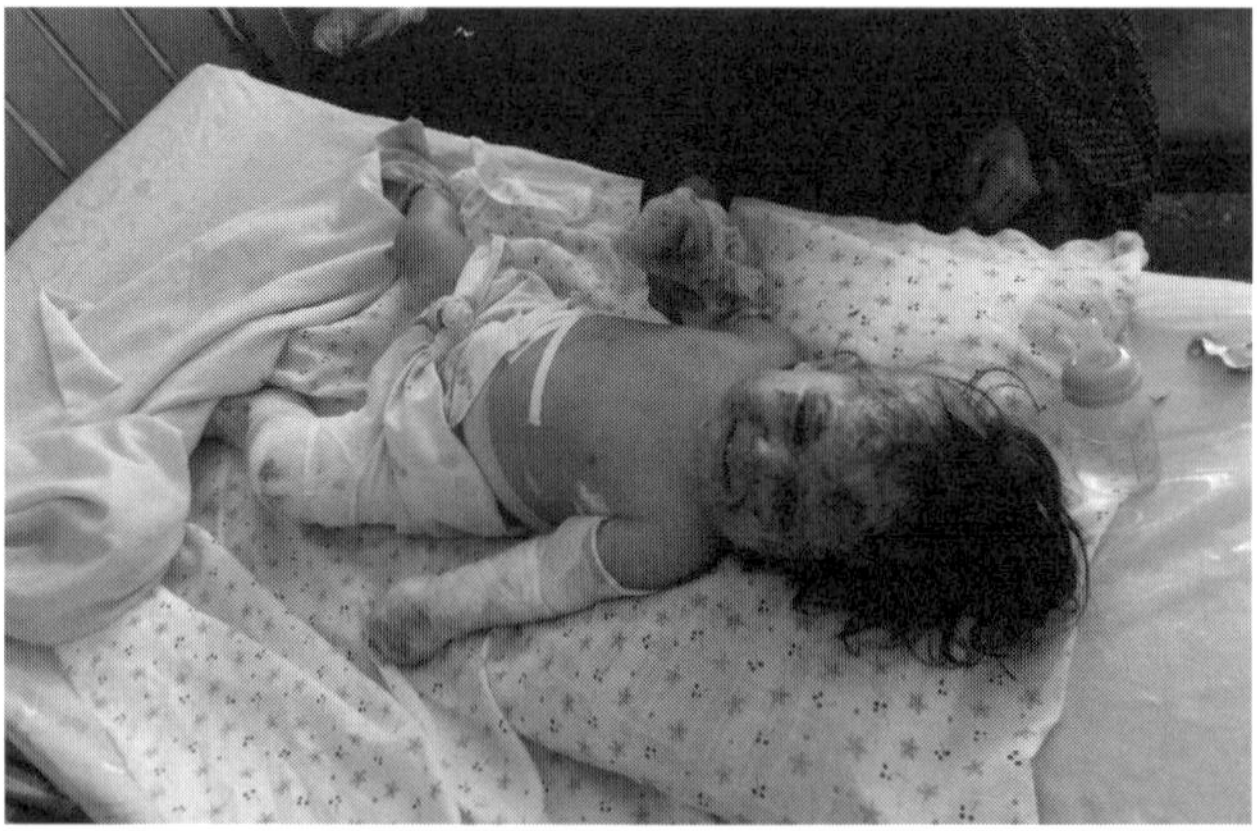

【写真6】戦争による貧困で、日本では考えられない事故が起きる

アフガニスタンでは尊い命が奪われてしまう。

**■二極分化が進むカブールの街**　カブールの街は現在、「復興バブル」に沸いている。日米はじめ国際社会が多額のアフガン復興支援金を拠出した。そのお金で道路が整備され、マンションが建ち並び、治安維持という名目で軍隊や警察が巨大化した。そんなカブールの街に「治安権限が米軍からアフガニスタン軍に委譲されました」という看板。（写真7）多額の復興資金は、このような軍隊とバブルに躍る建設会社、そしてアフガニスタン政権の汚職に消えていく。今やカブールの人々はごく少数の「戦争成金」たちと、圧倒的多数の極貧層に分かれてしまった。格差が極限まで拡大すると、テロが起きやすくなる。治安権限を軍や警察に委譲し撤退を始めた米軍は、基地からあまり外へ出なくなった。かつてあれほど通行していた米軍の装甲車は、今ではほとんど見かけない。テロリストのターゲットは「米軍に取り入って大儲けをしたアフガニスタンの戦争成金」に向かう。そう、最近の自爆テロは高級デパートで起こるのだ。

【写真7】「治安権限は米軍から政府軍に委譲しました」カブールに掲げられた看板

戦争は弱肉強食の新自由主義経済をもたらした。上空には米軍の「無人偵察飛行船」が浮かんでいる。（写真8）そしてアフガニスタン・パキスタン国境付近では、米軍の無人戦闘機が罪なき人々を殺害する。上空から生活を監視された上、無人機で誤爆されれば、反米感情が高まり、結果としてニュータリバンが増える。悪循環だ。

多くの人々は米軍の空爆もタリバンの自爆攻撃も支持していない。ただ平和を求めている。平和村の活動がアフガニスタンの負の連鎖を断ち切る一助になれば、と願う。

【写真8】カブールには米軍の無人飛行船が浮かんでいる

## ■ドイツから帰国した子どもたち

13年8月18日、2台の乗合バスが赤新月社（日本でいう赤十字社）事務所に到着した。パォーン、喜びのクラクションとともに、ドイツから帰国した子どもたちが降りて来る。その中の一人ズハールちゃん（10）が松葉杖をついて近づいてくる。

1年半前の寒い冬、自宅のプロパンガスが爆発し両手両足、顔面に大やけどを負った。人が生活をする上で重要なのが親指。手のひらに対面する親指があれば、物をつかむことができる。ズハールちゃんはドイツの病院で右足の薬指を切断した。今、右足の薬指は彼女の右手親指になっている。

歩けなかったズハール、物をつかむことのできなかったズハールが、松葉杖を握りしめて歩いている！

母親と一緒に歩いてくるズハールちゃんに、花束をもった兄弟姉妹が交互に抱きついている。みんな目をまっ赤にして泣き笑い。（写真9）

ズハールちゃんはこの国の希望だ。戦争と貧困に引き裂かれたこの国を立て直すことができるのは、この子たちの世代だ。ドイツから元気に帰国した子どもたちがこの国を励まし、平和を勝ち取ってくれることを願いつつ日本への帰路についた。

## ■ドイツへ旅立つ子どもたち

2014年8月、カブールの赤新月社前には今年もたくさんの子どもとその家族が集まっていた。その中の1人ゼタラちゃん（10）は2年前、アフガニスタン北部の街マザリシャリフで地雷を踏んでしまった。（グラビア4頁）この国には約500万個の対人地雷や不発弾が埋まっていて、今も犠牲者が続出している。地元の病院で右足を切断。左足は切断せずに済んだが、傷口から菌が入り込んで骨髄炎になっている。

【写真9】元気になったズハールちゃんを見て、みんな泣き笑い

劣悪な衛生状態で放置されていたため、本来なら動かすことができたはずの左足までが硬直して曲がらなくなっている。

「もう痛みはないかい?」。マルーフ医師が微笑みかける。現地治療を受け持つマルーフ医師とドイツからやって来た平和村のスタッフが、平和村に連れて行く子どもを選別する。傷口に消毒液を塗りながら、マルーフ医師は付き添いの父親に何やら現地語で語りかける。父親によると、ゼタラちゃんはこの2年間、自宅で座ったままの生活を送っていたのだった。

顔面の皮膚がただれているイブラヒム君(6)は、プロパンガスの爆発による大やけどが原因。(写真10)61名の子どもたちの診察が終わった。付き添いの父母たちが口々に喜びの声を上げる。「マーシャアッラー!」(神の恵みだ!)ドイツでの治療は、彼らにとってまさに天からのプレゼントなのだ。

翌朝、子どもたちがバス3台に乗り込み、カブール国際空港へ。イブラヒム君がバスの中で大泣きする。ゼタラちゃんは笑顔で家族に手を振っている。日本もアフガニスタンも女の子の方が、肝が据わっているのかな(笑)。

【写真10】プロパンガスの爆発で大やけどを負ったイブラヒム君。安全装置のない調理器具が多いので爆発事故が多い

ファーン。大きくクラクションを鳴らし、バスが出発。バスの中から手を振る家族たちを撮影。そう、今回は私もドイツへと飛んでいくのだ。

バスは炎天下のカブール国際空港に滑り込む。チャーター便なので、通常の出国カウンターを通らずに、直接滑走路から乗り込むのだ。「国際空港」と言うと設備万全のように聞こえるが、ここはアフガニスタンである。日陰も水道も何もない滑走路の横で、延々と待たされること3時間。ジリジリと照りつける太陽の下で子どもたちの体調が心配になってくる。ようやく出発。「コントロール・サービス」という民間軍事会社が私を含めたスタッフをボディーチェック。テロが頻発するカブール、大人のセキュリティーチェックは仕方がない。しかし彼らは子どもたちにもボディーチェックを始めたのだ。サングラスをかけて銃を持った民間軍事会社の職員は、3歳の足に巻かれたギプス、4歳の首に巻かれた包帯、地雷で足を切断された10歳の松葉杖に、容赦なく金属探知機を当てていく。「痛い痛い」と子どもたちが泣き始める。空港内は撮影禁止なのでこの様子を脳裏に焼き付ける。マニュアル通りにボディーチェックする民間軍事会社、最低やな。

飛行機に乗り込んだ途端、さっきまで大泣きしていた子どもたちが弾けるような笑顔に変わる。初めての飛行機に興奮状態なのだ。援助便は直接ドイツに飛ぶのではなく、まずはウズベキスタンの首都タシケントへ。ここでも治療の必要な子どもが数名乗り込んで来る。タシケントを出発した援助便は次にグルジアの首都トビリシを経由し、最終目的地のドイツをめざす。アフガニスタンからの61名に加えて、タジキスタン、ウズベキスタン、キルギス共和国、グルジア、アルメニアの子どもたち総勢6ヶ国、89名を乗せた援助便は、深夜11時にデュッセルドルフ国際空港に到着。空港には平和村スタッフ、ドイツのマスコミ、救急車が待機していた。（写真11）スタッフは病院に緊急搬送する子ども、平和村でしばらく治療する子どもをてきぱきと振り分けていく。「お疲れ様です。長旅でしたね」。嬉しいことに日本語で声をかけられる。平和村のスタッフは、ドイツ人についで日本人が多いのだ。

　こうして私は初めて平和村に入ることになった。

**■元気になった子どもたち**

翌朝、ゼタラちゃんは平和村の女の子用宿泊棟にいた。北海道から援助飛行に合わせてやって来た矢倉幸久医師の診察に同行する。

　矢倉医師はドイツの平和村を知ってから、毎年4回ドイツにやってくる。病院の正規職員だったが、休暇が取りにくいのでわざわざ非正規の医師になった。平和村のために非正規になって、ボランティア医師としてここに来ている。カッコええなー。

　ゼタラちゃんの左足について矢倉医師が説明してくれる。

「左足が硬直しています。膝の関節が曲がらなくなっていて骨から膿が出てるでしょう。骨髄炎ですね」「じゃぁ手術をしても左足は…」「えぇ、残念ながら曲がりませんね」。この後ゼタラちゃんは

【写真11】ドイツ・デュッセルドルフ空港には平和村のスタッフ、赤十字社職員、マスコミが待機していた

病院に運ばれ、手術を受けることになる。長いリハビリ生活が始まるのだ。果たしてこの子は歩けるようになるのだろうか…。

診察室にイブラヒム君がやって来た。顔面と首の皮膚が癒着して互いに引っ張られている。矢倉医師が診察結果を説明してくれる。「癒着した部分を切り取って、お尻や太ももの皮膚を顔面に移植する手術をします。その後リハビリをすれば大丈夫でしょう」。

診察室を後に、平和村の中庭で遊んでいる子どもたちを撮影する。芝生の上でカードゲームをしている少年たちがいる。「あそこにいるのがツバイヤーですよ」。平和村スタッフの金巨未来さんがドイツ語でツバイヤーに声をかける。「えっ、この子があのツバイヤー？口が塞がってるやん」。思わずツバイヤーを抱きしめてしまう。「誰やねん、このおっさん？」戸惑いながらツバイヤーが手術痕を見せてくれる。ドイツでの手術が成功して口にあいた穴が見事に塞がっているではないか。（写真12）

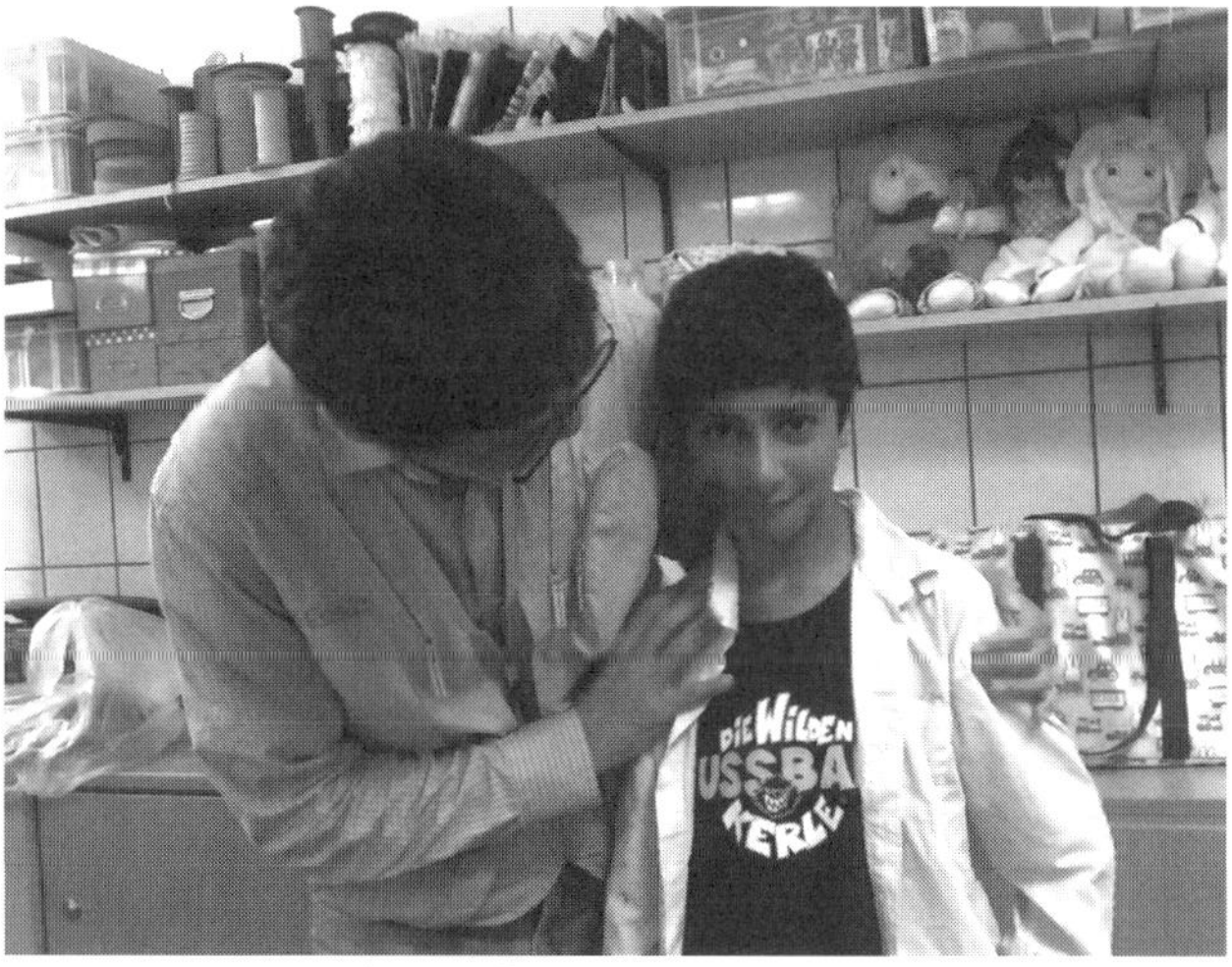

【写真12】手術後のツバイヤー君

「この子も覚えてるでしょ？」金巨さんが少年を連れてくる。ザミア君だ。右手指にクルミを握りしめている。「すごいなー、クルミを握れるんや」。癒合した指の切断手術が成功し、彼は小さいもの、

持ちにくいものを握るリハビリ中だった。（写真13）

平和村の食堂で、みんなと一緒にツバイヤー君がランチを食べている。２本になった手指でフォークを挟んでピラフを食べている。口がふさがっているのでご飯はこぼれず、しっかりと食べることができていた。

元気になった子どもたちの姿、活躍する日本人スタッフの姿を撮影していると、「日本もやるやん」と心があたたかくなってくる。この「太陽作戦」こそ、多くの人に知ってもらいたい。『通販生活』の締め切りがいつで、テレビ局にはいつまでに…。この取材ができた幸運を喜びつつ、そわそわしつつ、私は帰国の途に就いた。

【写真13】治療後のザミア君。クルミを握る練習をしていた

## 3、憎しみの連鎖から喜びの連鎖へ

■再び平和村訪問　２０１５年8月、私は再び平和村にやって来た。今回の主な目的は「発信」だ。テレビ朝日系列のテレメンタリーという番組でオンエアが決定したのだ。タイトルは「絶望から希望へ～ドイツ国際平和村の子どもたち」。３年かけて撮影してきた平

和村の子どもたち、その「蓄積」を25分のドキュメンタリーに、つまり平和村の素晴らしい活動をわかりやすくコンパクトにまとめなければならない。責任は重大だ。

8月19日早朝、平和村の日本人スタッフ中岡麻記さんと一緒にドイツ中部フランクフルト郊外の「セントマリア病院」へ。ドイツは高速道路網が整備されていて、快適なドライブが楽しめる。いわゆるアウトバーンで、ナチスのヒトラーが造らせたもの。ヒトラーは「アメとムチ」政策を採用した。つまり「独裁政治」（ムチ）を確立するには、国民の支持が必要。だからアウトバーン建設などの公共事業（アメ）で、失業を解消した。大型公共工事なので国家財政はピンチになる。「公共工事の赤字は、ポーランド、チェコを侵略して財産を略奪すればいい」。ヒトラーは他国から無理やり「果実」を奪い取る必要があったのだ。

約3時間のドライブでフランクフルトに到着。セントマリア病院は閑静な住宅街、森に囲まれた環境抜群の地域に建っていた。

病院の1階はリハビリ施設になっていて、2階が病室。個室のドアを開けると…。

「アミナ!」。中岡さんが車椅子の少女に抱きつく。アミナちゃんは、はにかむように微笑んでいる。

2年前カブールで出会った時、この子は危篤状態だった。「両足にハエがたかってますよ」。カメラに向かってコメントしたことを思い出す。あの時、アミナちゃんは絶望の眼差しで、何を聞いても答えてくれなかった。母親を殺され、自分は危篤。「私はこのまま死んでしまうの?」彼女は何も言わなかったけれど、その黒い瞳は死を覚悟していたようだった。

ドイツにやってきて、86回の全身麻酔に耐えてきた。当初、ドイツの医師は足を切断せず、細胞を復活させて両足を残す治療を選択した。子どもが持つ治癒力、回復力を信頼しようという治療だった。消毒液が入ったお風呂に入る時は、必ず全身麻酔をしなければならなかった。痛くて苦しい治療が1年間続いた。しかし両足の細胞は復活しなかった。1年前、両足を切断。

「これが最初に立ち上がった時の写真よ」。歩行補助車につかまって、立ち上がった写真を見せてくれる。アミナちゃんの厳しいリハビリ生活が始まった。

車椅子に乗せてもらえば、行動半径が広がる。器用に車椅子を漕ぎながら、彼女が病院内を案内してくれる。

トレーニングルームへ。マットに横たわったアミナちゃん、腹筋運動の後は腕立て伏せ。車椅子を運転するには、上腕の力がないとダメ。高い山に囲まれたアフガニスタンは坂道も多いし、バスや電車など公共交通は無いに等しい。つまりバリアフリーの概念など存在しない社会を自力で、車椅子で移動しなければならない。腕の力が必要だ。腕立て伏せの後は、トレーナーと座ったままでキャッチボール。体のバランスをしっかり取れないと、義足歩行で転んでしまう。そして太ってはダメ。義足にかかる体重が、膝上の切断部分を痛めてしまう。

「アフガンに帰りたい?」「もちろん。早く家族に会いたいわ」。

カブールでは決して笑うことのなかった彼女が、ドイツでは微笑

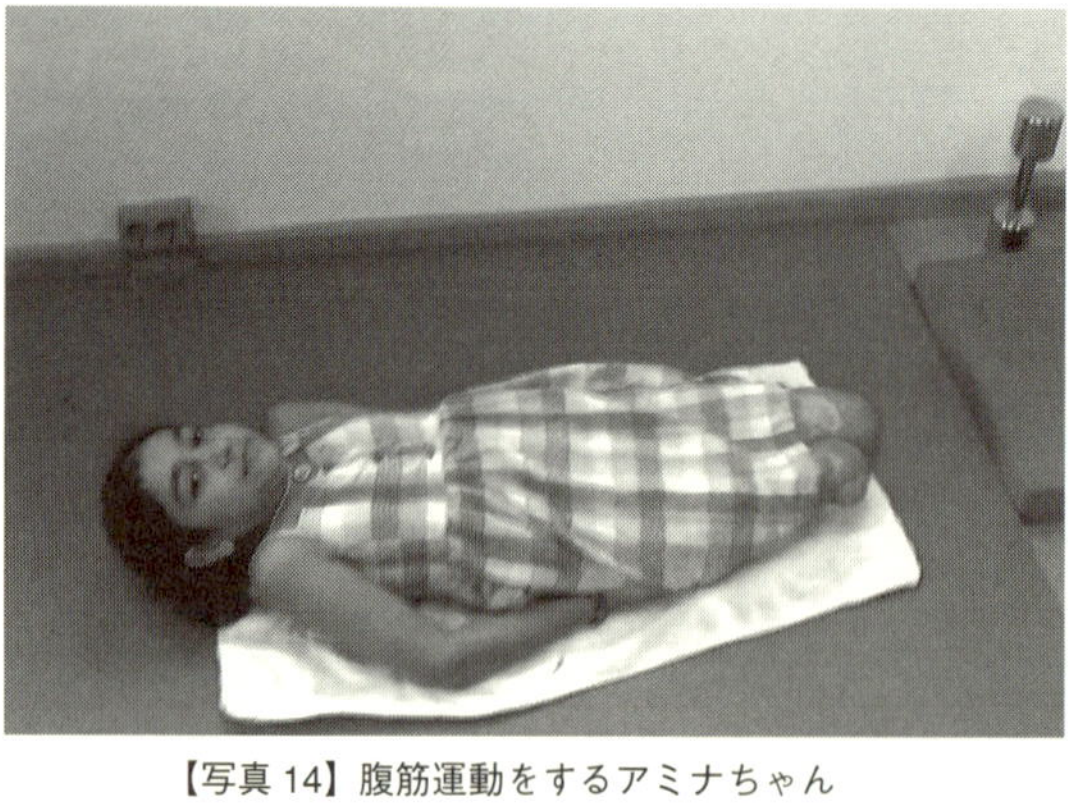

【写真 14】腹筋運動をするアミナちゃん

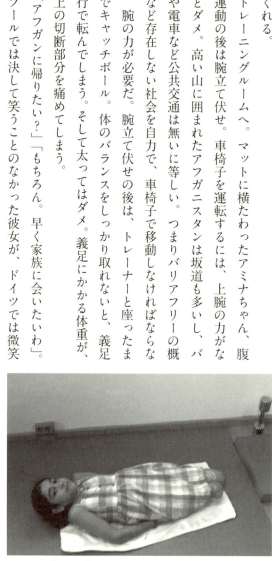

みながら将来の希望を語る。故郷では父と兄が待っている。早くこの笑顔をアフガニスタンへ届けてほしい。がんばれ、アミナちゃん！（写真14）

フランクフルトからオーバーハウゼンの平和村に戻り、リハビリ病棟へ。手術痕が化膿しないように「包帯替え」が行われている。日本人医師矢倉幸久さんと再会。

「この子、ズハイルですよ」。矢倉医師が、診察を待っている男の子を指差す。

えっ、ズハイルって…。あー、あの時の！（写真15）

2年前の記憶が蘇る。あの時、彼の首は異常に膨れ上がって呼吸するのも苦しそうだった。空港へのバスに乗り込むときには泣き叫んで、職員を困らせていたズハイル。体がひとまわり大きくなって、幼児から少年に変化しつつある。

【写真15】首の腫瘍が切除されたズハイルくん

【写真16】癒着していた首と顔の切り離しが成功。
首を振ることができるようになっていた

手術は見事に成功して首の腫瘍《しゅよう》が切除されている。気管に穴が開いているのは、まだこの子の手術が完了していないということだろう。呼吸はこの穴から、食事は口から普通にできる。

平和村の中庭で元気よく遊んでいる子どもたちの中にイブラヒム君(7)がいた。(写真16)「えーっ、イブラヒム？　男前になったねー」。思わず叫んでしまう。

1年前に出会った時は、焼けただれた顔面の皮膚と首が癒着していて、彼は首を振ることもできなかった。ドイツの病院で、お腹の柔らかい皮膚を顔面に移植し、首と顔面の癒着部分を切り離して、今では痛みもなく首を振ることができる。まだ包帯を首に巻きつけているが、症状は日一日と良くなっているようだった。

**■平和村の女子用宿泊棟で**　平和村の女子用宿泊棟の裏手は森になっていて、女の子たちが遊んでいる。

スタッフの金巨未来さんが教えてくれる。「西谷さん、あの子ゼタラちゃんですよ」。

松葉杖をつき、懸命に歩行練習をしている女の子がいる。(写真17)ちょうど1年前、この子は父親に抱きかか

【写真17】ゼタラが歩いている！

かえられてカブールの診察室に入ってきた。右足を失い、左足は硬直して動かないのに、この子はずっと笑顔だった。平和村で診察を受けている時も、宿泊棟の廊下を這って動いている時も、カメラを向けると微笑んでくれた。地雷を踏んで2年間も家に閉じこもっていたのに、歩くことはもちろん、立ち上がることさえできないのに。この子は笑顔だった。「ドイツに行けば必ず治る、歩けるようになる」と信じていたのかもしれない。

今、彼女の夢が現実となった。手術が成功して骨髄炎を克服し、義足ができた。そして毎日のリハビリに取り組んで、こうして立って歩いている！

**■故郷へ帰国！**　翌日、平和村の食堂にすべての子どもたちが集まった。今から故郷へ帰国できる子どもが発表されるのだ。明日、飛行機に乗り込む子どもの名前が数名ずつ読み上げられていく。緊張の瞬間。

「イブラヒム・ムハンマド」。2回目で名前を呼ばれた時、彼は満面の笑顔で手を挙げた。「ズハイル・アフマーン」の名前も読み上げられた。残念ながらアミナ、ゼタ

【写真 18】ナー、ハウゼ（家に帰るぞ）。みんな嬉しそうだ

ラの名前はなかった。

「ナー、ハウゼ！」（家に帰るぞ）の大合唱が始まる。（写真18）帰国できる子どもが歓声を上げて外へ出て行く。今から記念撮影になる。一方、帰国できない子どもは食堂に残る。外の歓声を聞きながら、食堂の中では赤い目を腫らして一生懸命涙をこらえている女の子、友達に肩を抱かれ、慰められている少年など悲喜こもごもだ。

平和村での最終日、デュッセルドルフ国際空港で帰国便を見送る。ズハイル、イブラヒムたちが手を振りながらタラップを登っていく。今回は私にアフガンビザが出なかったので（10年以上アフガン取材をしているが、ビザが出なかったのは初めて）この便に同乗できない。平和村のドイツ人スタッフ、クレッチマンさんにビデオカメラを託す。

後日、クレッチマンさんから映像が届いた。

２０１５年8月23日、援助便がカブール国際空港に着陸する。「やったー！」「帰ってきたぞ！」子どもたちが一斉に立ち上がり、機内は拍手と歓声に包まれる。空港からはバスでカブール郊外の赤新月社へ。見覚えある赤新月社の敷地が映し出され、出迎えの家族が総出で拍手している。母親たちは民族衣装ブルカをかぶっているのでその表情はわからないが、父親たちは両手を上げて大声で叫んでいる。

映像が赤新月社の診察室に切り替わる。平和村としての最後の診察だ。両親に今後の治療方針や薬の飲み方、食事やリハビリなど基本的な治療方針が伝えられる。そして最後に大きなボストンバック。バックの中にはその子が必要とする薬がぎっしり詰まっている。ズハイル、イブラヒムたちが両手を振りながら、赤新月社を後にしていく。「もうドイツに戻ってきたらダメだよ」。スタッフたちもにこやかに手を振る。映像はここで終わっている。

これで十分だと思った。ドキュメンタリーの最後は、母親とイブラヒムが満面の笑顔で診察室を後にする、このシーンで終わろう。そう思っていた。

後日、平和村で理学療法士をしている勝田茜さんからインターネット経由で短い動画が届いた。急いでパソコン画面を開く。そこには…。

茶色い服を着た女の子の後ろ姿。松葉杖なしでゆっくりゆっくり歩いていく。ターンしてこちらを向く。ゼタラだ。曲がった左足を引きずるようにして、そして右足の義足を器用にあやつって、ゆっくりと近づいてくる。（写真19）

「ズーパー（よく頑張ったね）」勝田さんが声をかける。映像はゼタラの笑顔で終わっている。

【写真19】ドイツでリハビリに取り組むゼタラちゃん。
この後、アフガニスタンに帰ることができた ©勝田茜

ドキュメンタリーのラストはこの映像だ。

そして私は最後のセリフを書き換えた。

絶望から希望へ。憎しみの連鎖から喜びの連鎖へ。そして戦争から平和へ。ドイツ国際平和村こそ、本当の「積極的平和主義」と言えるのではないだろうか…。

第7章

# イラク最新取材から「トランプ時代の中東」を考える

IS（イスラム国）から逃げてきた人々。避難民キャンプで3年目の冬を過ごす。支援物資の毛布を配ったら大喜び（イラク・スレイマニア　2016年12月）

# 1、トルコ入国を拒否される

## ■トルコ・イスタンブール空港で

２０１６年11月19日早朝、関空から約12時間のフライトでトルコ・イスタンブールに到着。入国審査に向かう。ここ数年テロが相次ぐトルコ、ここで入国する人はかなり減少し、乗客の大半はトランジットへと向かう。つまりイスタンブールは単なる中継地でスペインやイタリアに向かう観光客ばかりになった（フランスもかなり減っているようだ）。

「ラッキー、空いてるぞ」。待ち時間わずか数分で私の番がくる。

今回の旅程は、イスタンブールからイラク北部のスレイマニア市へ。（地図１）乗り継ぎ便は18時間待ち。なので一度イスタンブールで降りて、簡単に名所旧跡の写真を撮って、また空港に戻って来れば良い。私は毎日新聞の夕刊に「西谷流地球の歩き方」というコラムを連載しているので、そのネタ集めに街をぶらつこうと思っていたのだ。

【地図1】イスタンブールからスレイマニアに飛ぼうとしたのだが…

「サラーム・アレイクム（こんにちは）」。入国審査官にパスポートとスレイマニア市への航空券を手渡す。「アレイコム・サラーム（こんにちは）」審査官が受け取り、パスポートをペラペラとめくる。入国許可スタンプを手に持ち、押そうとしたその時、審査官の手が止まる。コンピューター画面をしばらく眺めた後どこやらに電話をかけ、「あっちのカウンターへ行け」とアゴをしゃくる。

カウンターで待っていたのがトルコ空港警察。パスポートと航空券を取り上げ、「お前は入国できない」と冷たく言い放つ。「えっ、なんで？」。

この時点では、まだ何とかなると思っていた。警察の上層部を呼び、しっかりと説明すれば。「今回のイラク行きは難民支援のために入国するのである。イラクのスレイマニア市ではクルド自治政府が待っていて、私のビザが用意されている。だから問題はないのだ」。英語で説明文を組み立てながら、上司を待つ。トルコ内務省の私服刑事がやってきた。しっかり事情を説明するが、「入国させない。お前を大阪へ送り返す」の一点張り。「これはやられたのか？」だんだん事態が呑み込めてくる。後からやってきたもう一人の私服刑事はジャパニーズガバメント（日本政府の要請）という言葉を口にした。そうなのだ、この間イラクやシリアでは日本人拘束事件が相次ぎ、日本政府はかなりナーバスになっている。「トルコ経由でイラクに入りそうな日本人リスト」がトルコ政府に通知され、「こいつらは日本に送り返すべし」と日本が指示していた可能性が高い。

困ったなー。空港警察の冷たい待合ベンチに座り込む。オープンスペースなので入国待ちの観光客たちが珍しそうに私を眺めている。「あの人、なんか悪いことしたんやで」「麻薬と違う？　テロリストには見えへんね」。冷たく、好奇な視線にさらされる。ええなー、あんたら入国できて。

電話するのは自由なので、イラクへ。午前9時、やっと通訳ファラドーンにつながる。ファラドーンはクルド政府に顔が利く。政府要人を叩き起こして（本日は土曜日、クルドの朝は遅い）「クルド政府が西谷を呼んでいる」と説明させ、交渉させる作戦だ。

午前11時、クルド政府の要人が電話をかけてきてくれた。あの無愛想なトルコ私服刑事と話をさせる。しかしクルド語とトルコ語なので、話が進まない。ましてイラクは電波が弱い。無情にも携帯電話がブツブツと切れてしまう。「俺は忙しいんだ。お前は大阪に送り返す。これは決定だ」。

私服刑事は「もう電話には出ない」と宣言し、「俺はクルド人が大嫌いなんだよ」と吐き捨てる。もともと少数民族のクルド人はトルコで差別されていて、さらに最近ではクルド系過激派によるテロが頻発している。私服刑事の立場で言うと「クルドは敵」で、「そんなクルドへ行くヤツも大嫌い」なのだ。

納得できないのでまだ粘る。「なんの権限があって送り返すのだ。これは法律違反だ」と当然の抗議をすると、刑事は根拠法の例文を持ってきた。トルコ法の6458。しかしトルコ語で書いてあるので、読めない。どこまでも憎たらしいヤツだ。インターネットで英文解説があったので、スマホで読む。トルコ法6458は「外国人の保護」だった。つまり「危険なところへ行きそうなヤツ」はあらかじめ保護して、本国に送り返すことができる、というわけ。「決定に不服のある人は裁判ができる」とあるが、いったん日本に帰国してから、わざわざトルコまでやって来て長い長い裁判をする人がいるとは思えない。事実上ここでお手上げとなった。

大阪への便は深夜2時に飛ぶ。あと15時間、入国待ちの団体客らにジロジロと眺められながらこの場所で過ごさねばならない。

トルコ親父がやって来て、サンドイッチとコーラを差し出す。食事は出るようだ。半分ほど食べて、冷たいベンチで横になるが、怒りと悔しさでなかなか眠れない。しばしウトウトして目がさめる。目の前には相変わらず同じ光景。「これは夢と違う、現実なんや」。自由を奪われ、制限された空間で過ごしながら、ふと「従軍慰安婦の人たちは、きっともっと苦しかったんやろな」と考えるようになった。狭い部屋に閉じ込められて、「客」にジロジロ眺められながら、絶望の中で時を過ごす。そんな苦痛に比べたら、大したことないではないか。これくらいでへこたれているようでは、冤罪で捕まった人はどうなるのだ？　このように考えることができて、ようやく怒りが収まった。

## ■本国送還

「入国拒否者」が連行されてくる。レバノンから来た黒人はパスポートなし、航空券なしでこの空港をさまようこと7日！　団体旅行だったが、仲間とはぐれてしまった。ツアーコンダクターがパスポートと航空券を持っていたのだが、彼を置いたまま次の目的地に飛んで行ってしまったのだ。なんと無情な「団体旅行」なのだろう。

黒人青年がやってきた。やはりパスポートを取り上げられて、途方に暮れている。互いに励まし合う。彼、サリシュ・アブドッラーはナイジェリアから来た留学生でトルコの大学に通っていた。彼の大学は、ギュレン師が建てたもの（詳細は第4章）。クーデターの首謀者とされるギュレン師の大学は、事件後閉鎖され、50名を超えるナイジェリア人学生が逮捕された。彼は逮捕拘禁を免れたが、学籍を失いオーストリアへ逃げた。学生結婚した妻と娘をトルコに残して。そして今、ほとぼりが冷めた頃だと思って、妻子に会うために戻ってきたのだ。しかし現実は厳しかった。あのカウンターの向こうに（写真1）妻と幼い娘が待っているというのに…。

時がきた。深夜2時20分大阪便が飛ぶ。トルコ航空の職員に連行され最後に搭乗。ガラガラの飛行機、私の座席は最後尾の端で周囲には誰もいない。訳ありの雰囲気がプンプン。「大変だったようね」フライトアテンダントが同情してくれる。行きの飛行機（12時間）＋トルコ警察の待合室（23時間）＋帰りの飛行機（11時間）で合計46時間、立ったまま座ったまま。さすがに疲れがどっと出た。関空で荷物を待つ。すると空港職員がやってきて、「西谷さんですね、今日はあなたの荷物は届きません」。

荷物も取り調べを受けていたのか（苦笑）、あるいは荷物だけイラクに届いてしまったのか…。

かくして私はイラク入りを果たすことができなかった。私には憲法で保障された「移動、旅行の自由」があるはずだ。これではジャーナリストとしての仕事に差し支える。何より今回は日本のみなさんからいただいた募金で、スレイマニア市内の難民キャンプへ届ける数百枚の毛布を用意していた。

「ニシタニさん、毛布を買っちゃったよ。ワタシ、代金を立て替えてます。どうすればいいのです

【写真1】イスタンブール国際空港で隠し撮り。悔しかった！

か？」。

通訳のファラドーンから悲痛な電話がかかってくる。「毛布は倉庫に入れておけ、俺は必ず戻る。アイ・シャル・リターン！」。大丈夫だ、と見得を切ったものの、次回もイラクに入れなければ、支援も取材もできない。ここでくじけてたら負けだ。トルコからは入れない。ではどこから…。私は密かに別ルートでイラク再入国を誓った。

## 2、ISとの激戦地、イラクの最新情報

**■イラク入りに成功**　２０１６年12月21日、カタールのドーハ国際空港は出稼ぎのインド、パキスタン、バングラディシュ人で溢れていた。入国審査カウンターに長蛇の列。カタールのビザは取った。あとはあのカウンターの向こうに行けるかどうか。今回は関空からＵＡＥのドバイ便に乗った。あえてドバイでは降りずにドーハまで乗り継ぐ。万一、ドーハで入国拒否されても、送り返さ

【地図２】ドバイからドーハ、そしてスレイマニアへ

れるのはドバイだ。これなら傷が浅い。（地図2）「普通の国カタール」に入国するのに、なんでこんなに緊張せなあかんのか。理不尽やなーと感じつつ、私の番が来る。

「メガネを外してここを見ろ」。顔認証システムの鏡を見つめる。日本のNECが優れた顔認証システムを開発して、各国に売り込んでいるようだが、これなどは「テロが頻発したほうが儲かる」ビジネスだ。

パタン。審査官がスタンプを押した。入国完了。やったー、カタールに入ったぞ！（何度も言うが、これが普通なのだが）「タクシー？」「ホテル？」。到着ロビーにたむろする客引きたちをかき分け、出国カウンターへ。ドーハからスレイマニア便のチケットを買う。よし、これでイラクに入れるぞ。

【写真2】イラク・スレイマニア国際空港に無事到着
右が通訳のファラドーン

午後3時、飛行機がイラク・スレイマニア国際空港に滑り込む。出迎えの通訳ファラドーンとハグ。（写真2）かくして私は1ヶ月遅れで首尾よくイラクに入ったのだった。

## ■激戦地モスルからディバガ避難民キャンプへ

12月24日、スレイマニア市から激戦地モスルを目指す。本日はクリスマスイブであるが、町にはほとんどキリスト教徒がいないので「普通の土曜日」

である。いや、本当は宗教に関係なく、みんなクリスマスを楽しみたいと考えている。子どもたちはサンタを知っているし、クルド人はお祭り好きだ。しかし町にはツリーもないし、サンタの人形もない。なぜか?

店先にツリーを飾ってしまうと、イスラム原理主義のテロリストに狙われる恐れがある。だからサンタは店の奥まったところに「隠れるように」飾ってあるのだ。

12月のクルドは寒い。そしてあいにくの雨。難民キャンプのテントが雨漏りしていなければいいが。

車をぶっ飛ばして1時間、キルクークに到着。「右へ行けば、アルビル、左はモスル」の看板を左へ。さらに走ること30分。「おー燃えてる燃えてる」。地面から猛烈な炎が噴き出して空を焦がしている。(写真3)油田だ。「北クルド石油カンパニー」という看板。パイプラインがはるかトルコまで伸びている。ここは宝の山、だからこの地をめぐって戦いが繰り広げられる。燃え上がる炎を撮影しながら、「噴き出すのが温泉なら平和やったんやろなー」。少々複雑な気分。

油田を通り過ぎてさらに西へ、つまりモスル側へ進む。ISがモスルを奪ったのは2014年6月。以来モスルはISの最大都市で、約200万人もの人々が住む。2016年10月末からイラク政府&

【写真3】炎を噴き出す油田。噴き出すのが温泉だったら…

クルド軍による本格的な「モスル奪還作戦」が始まり、両軍が共同戦線を張ってISを追い詰めている。戦況はイラク政府&クルド軍が圧倒的に優位に立ち、ISはどんどん支配地域を縮小させている。敗走する際、IS兵士は住民をさらっていき、人々を「人間の盾」にする。米仏露などの猛烈な空爆を「人間の盾」で牽制しているのだ。一方、命からがら逃げだせた人は新避難民となって、クルド側に押し寄せている。

【写真4】時間がないので車でキャンプを一回り

【写真5】日本とイラクの子どもたちの交流が進めばいいな

西へ西へと走ること2時間、巨大な避難民キャンプが見えてくる。ディバガ避難民キャンプだ。ディバガにはキャンプが3つあって、そのどれもが避難民で膨れ上がっている。2014年当時わずか100名程度で始まった小さなキャンプが、2年間で2万人になった。あまりにキャンプが広いので、

車で回る。（写真4）

撮影を始めるとすぐに子どもたちが集まってくる。日本人とビデオカメラが珍しいのだろう。集まった子どもたちに草木染めのハンカチを配る。これは兵庫県丹波市の和田中学校から預かったもの。中学生たちが英語で「Ｐｅａｃｅ」と染めてくれたハンカチは奪い合いになった。（写真5）

### ■三者が米軍の武器で

キャンプを出てさらに西へ。マハムールに到着。

モスルを陥落させたＩＳは、２０１４年８月にこの町までやってきた。この頃ＩＳの勢いは最高潮に達していた。ＩＳはモスルだけでは満足せず、クルドの油田を奪いに来たのだった。

「油田だけは死守せねばならない」。アメリカのオバマ大統領はここでイラクへの空爆を決断。最初の一撃はこの町に着弾した。西側メディアは、米仏などが「テロとの戦い」で空爆を始めた、と伝えているが、実際は「油田が危なくなった」から空爆が開始されたのだ。

マハムールには巨大な基地ができている。この基地は正面の門に向かって左側がイラク軍で右側が

【写真6】奥まったところに控える米軍基地。米兵は作戦指導をするだけ。「命の値段の差」を感じる

クルド軍。両基地の奥には米軍基地がある。（写真6）
なぜ米軍がいるのか？
それは戦闘指導、作戦立案のためだ。地上戦を戦うのはあくまでイラク&クルド人。米兵は奥まった基地の中で指示を出すだけ。仮にISが攻めてきても、米兵は安全。「命の値段に差がある」のだ。
クルド軍の基地の中へ。装甲車が並んでいる。これらは米軍の払い下げ。ちなみにISもモスル陥落の際にイラク軍から奪った戦車で戦っている。何のことはないイラク政府軍、クルド軍、ISの三者は、すべて「かつての米軍の武器」で戦っているのだ。
装甲車の中に入らせてもらう。運転席の窓ガラスに大きな弾痕。（写真7）
「カンナース（機関銃）」兵士が説明する。IS兵士に狙撃されたが、防弾ガラスが強力なので無事だった。あちらの装甲車も同じ場所に大きな銃痕。結構撃たれてるやないの、クルド軍。
基地からは護衛がついた。護衛車に守られながら、いよいよ前線へ。

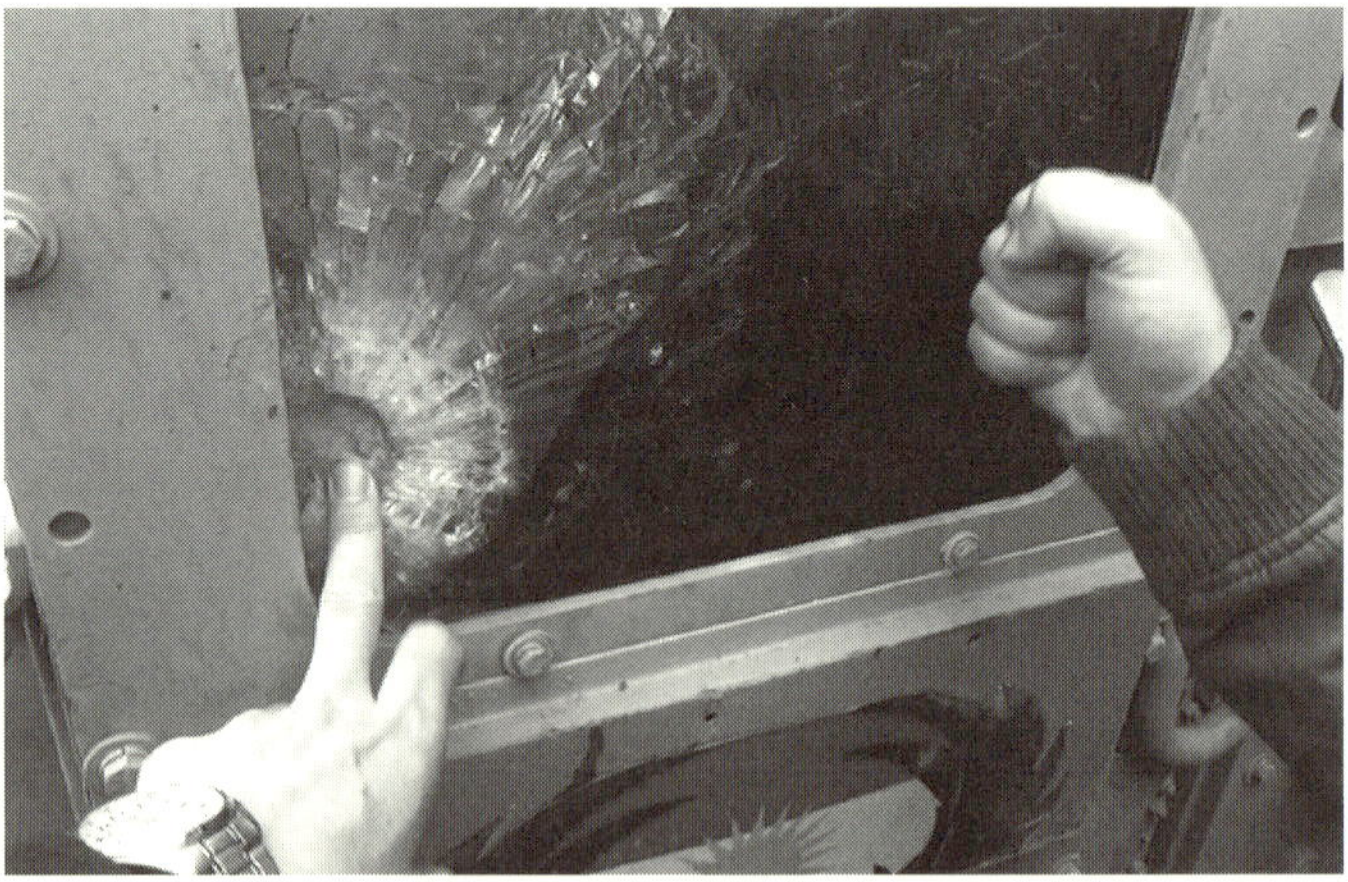
【写真7】結構、撃たれてるやないの、クルド軍

## ■前線の町はゴーストタウン

「えっ、何これ？　町が全部…」

前線の町ルワラはゴーストタウンだった。すべての家が破壊され、誰もいない。（写真8）

「帰還困難地域」。福島の原発周辺地域と似た風景。犬が一匹、じっとこちらを見ている。「久しぶりに見た人間」が珍しかったのだろう。

無人の町を行く。家が途切れ、視界が広がったところに基地があった。ここだけ人が住んでいる。基地に入る。

「ここはクルドが奪った。しかし安全ではない。ＩＳ支配地域とは５００メートル～２キロしか離れていない。ＩＳがこの町から逃げるときに、路肩爆

【写真8】前線の町はゴーストタウンだった

【写真9】基地には大きな地図が貼ってあり、高性能カメラでIS側を監視していた

弾を仕掛けていった。そしてクルド兵が近づくと、携帯電話で爆発させる。時折、ロケット弾も撃ってくる」。

カリーム司令官（写真9）が状況を説明してくれる。1週間前も、「仕掛け爆弾」で兵士10人が死亡し、数十人の重傷者が出た。

基地の中に監視カメラがある。最大でも2キロしか離れていないＩＳ側がアップになる。カラーでくっきりとした映像、今の技術は大したものだ。そのうちに監視カメラからの映像で動く無人戦車や戦争ロボットが出てくるのだろう。

基地を後に、急いでマハムールへと戻る。途中、破壊された家の前でレポート。（グラビア2頁）

無人の児童公園があって、学校がある。ＩＳはすべての家を破壊して、家財道具を奪っていったが、さすがに遊具までは取らなかったようだ。（写真10）

【写真 10】無傷だったのは児童公園だけ

【写真 11】大型バスはクルド政府が用意したもの。ここまで来れば安心だ

猛スピードで車を飛ばし、安全地帯へ。

「あれ、大勢の人がいるぞ」通訳のファラドーンが叫ぶ。無人の町に突如、大型バスと人々が現れた。（写真11）

ISから逃げてきた人々だった。夜間にIS兵士の目を盗み、10時間歩いて早朝4時に着いたという。大型バスはクルド政府がチャーターしたもの。このバスに乗って、あのディバガキャンプまで移送される。

乗っていた男性はすべて長いあごひげを生やしている。IS支配地域では男性

【写真12】成人男性はみんな濃いヒゲを生やさねばならない。IDカードの写真とは別人のようだった

【写真13】長い間お風呂はもちろん、シャワーさえ浴びていなかったのだろう

は髭を生やさねばならない。そうしないと異教徒とみなされ処刑か拷問だ。IDカードに写った写真と見比べてほしい。(写真12)みんな別人のような様相だ。バスの中へ。両手と顔が真っ黒な少女がいる。(写真13)せわしなくポテトチップスを食べる幼児と少年。寒い山道、それも夜通し10時間。よく耐えてきたと思う。

「今朝、着きました。ISは本当に怖かった。アルハムドリッラー(神のおかげです)」母親がカメラに向かって安堵の色を浮かべる。

人々に手を振り、スレイマニアを目指す。途中、ディバガキャンプを通り過ぎる。延々と続く白いテント。(写真14)バスに乗り込んだあの人々は、今日からここで過ごすのだ。故郷の「帰還困難地域」に戻れるのはいつのことだろう…。

## 3、トランプ・プーチン大統領とイラク・シリアの今後

【写真14】延々と続くディバガキャンプ。ふるさとモスルに帰れるのはいつのことだろう

以上が２０１６年末のイラク最新情報である。では今後のイラク・シリアはどうなっていくのか？　予想されるシナリオを描いてみよう。

17年1月20日に大統領に就任したトランプ氏は、常々「ＩＳを叩きのめす」と主張している。そして「ＩＳを壊滅させる」という口実で、最も激しい空爆を続けているのがロシアのプーチン大統領である。この二人は仲が良い。オバマ前大統領がウクライナ問題でロシアに厳しい経済制裁を仕掛けたので、プーチンはオバマが嫌い。トランプになれば経済制裁が解けて天然ガス、石油が販売できる。不動産王トランプはモスクワにトランプタワーを建てようとしていて、プーチンを仲間にしたい。つまりこの二人はビジネスで取引しているのだ。この二人が結託すれば…。今後の「ＩＳ掃討作戦」は加速してモスルは、この本が出版された頃にはイラク政府&クルド軍が奪還しているかもしれない。その勢いでＩＳの首都ラッカも早晩陥落するだろう。

それでシリア・イラクは幸せになるのか？

おそらく、ならない。むしろ「ＩＳ後」が大変。

現在、モスルを東から攻めているイラク軍はシーア派の民兵が主体。南から攻め上げるクルド軍の最終目標はクルド人地域のイラクからの独立。そしてモスル住民の大半はスンニ派。そう、この都市は相変わらずの火薬庫であって、その火薬庫に銃が氾濫している。タリバン掃討後のアフガニスタンが平和になったか？　残念ながら戦闘行為は延々と続き、首都カブールはより危険な都市になった。あれと同じことが起きるだろう。

シリアも同じ。形の上ではアサド軍が勝利して戦闘が収まっていくかのように見える。しかしアサド軍は少数派で、圧倒的多数の住民は反体制派なのだ。そして人々の中に「虐殺の記憶」が刻まれている。アサド大統領に面従腹背しながら、人々はまた蜂起する。結果、ダマスカスで、バグダッドでテロが頻発するだろう。

必要なのは国連による武装解除と怒りを鎮める時間。でもトランプ大統領はその方向には進めないだろう。アメリカの軍産複合体が儲かって、砲弾や戦車を作る白人労働者が満足するなら、イラクやシリアで戦争が続いたほうがいい。

今後の世界はどうなっていくのか？

「トランプやプーチン、安倍ではダメだ！」と多くの人々が立ち上がって抗議すれば、軌道修正は可能だ。17年はフランス大統領選挙、ドイツ議会選挙、そして日本でも解散総選挙があると言われている。２０１７年が勝負の年になるのは間違いない。

# あとがき

青い海に白い砂浜が続いている。砂浜の向こうは小高い丘になっていて、そこだけが銀色にキラキラと輝いている。ケニア・ナイロビ発のオンボロ飛行機は、ガクガクと機体を揺すりながら無事にソマリアの首都モガディシュー国際空港に着陸した。空港を出た途端、装甲車に乗った政府軍兵士、銃を担いだ私服の民兵たちがこちらを睨んでくる。外国人の私が珍しいのだ。護衛の兵士がつく。トラックでモガディシュー中心街へ。トタン屋根の民家が続く。飛行機から見えた銀色は、避難民たちの粗末な家屋の屋根だったのだ。

１９９１年の内戦からこの国はずっと戦争を続けてきた。そしてモガディシューのビルというビルは穴だらけになった。

２０１７年2月、ようやく戦闘が一段落したソマリアに人々は帰還し始めていた。私はそんな帰還民と一緒にモガディシューの大地を踏んだ。

「兵士が多いのはね、仕事がないからだよ。26年続いた戦争で、商工業は破壊され、新たな産業は育たなかった。若者たちは兵士になるしかないんだよ」。

通訳のマハドがこの国の現状を憂う。モガディシューの港ではたくさん魚が採れる。平和であれば水産業が発達して、ソマリアは近隣諸国に水産加工品を輸出できたはずだ。青い海に白い砂浜。平和であれば観光業が栄えている。長引く戦争は、この国から何もかも奪っていった。武器だけを残して。

「俺たちは戦争以外に、もっと大きな問題を抱えているんだ。昨年からソマリアにはまとまった雨が降っていない」

なぜ?

「グローバルウォーミング(地球温暖化)」

マハドは「ソマリア南部を流れるシャルベ川が干上がってしまった」と言う。エチオピア高原からソマリアを貫き、インド洋に注ぐ大河が消えたというのだ。雨が降らなければ草木は枯れ、家畜が死ぬ。そして土地はどんどん砂漠化する。人々はモガディシューまで「家畜のエサ」を買いに来る。農民たちは、今は必死に故郷にしがみついているが、早晩、土地を手放して難民になるだろう、とマハドが予想する。

想像してみてほしい。鴨川と桂川が干上がってかろうじて宇治川だけが流れる京都、淀川の水量がガクンと落ちて高槻市と枚方市がつながってしまう大阪の姿を。

20世紀は石油をめぐる戦争が続いたが、21世紀はきれいな水をめぐる戦争になるだろうと言われている。

粗末なボートに乗り込んで、アフリカ大陸からヨーロッパに逃げ出す人々の姿が、よくテレビに出てくる。乗っているのはシリア、アフガン、ソマリア、エリトリアなどの人々。あの粗末なボートには戦争で故郷を追われた「戦争難民」と、干ばつで農業を続けることができなくなった「気候難民」の2種類の人々が同居していたのだ。

このような状況の中でトランプ大統領が選ばれた。彼は地球温暖化対策に後ろ向きだ。いや、後ろ向きどころか敵視していると言っても良い。

そもそも気候変動は欧米、日本などの先進国が吐き出す二酸化炭素によって作り出されたもの。その結果、世界で一番貧しい地域の人々が土地を追われる。

そもそも中東やアフリカの戦争は、植民地を支配するために民族や宗派を互いに対立させた先進国が、そうした状況の中で武器を売ったから。

私は「アメリカファースト（米国第一）」という言葉が嫌いだ。

自分だけが儲かればいい。

今が繁栄していればそれでいい。

ソマリアの人々はエゴイスティックな新自由主義の犠牲になってきたのだ。

私にとっての本書は、いわばテストのようなものだった。フリーランスのジャーナリストになって13年、お前は現地で何を見て、何を学んできたのか？　戦争はなぜ始まるのか？　なぜテロが起きるのか？　どうしたら解決するのか？

今の時点での、私なりの答案が本書である。

最後に、気長に原稿を待ち編集作業に取り組んでいただいたかもがわ出版の三井隆典さん、紛争地をガイドしてくれた通訳とドライバーたち、ドイツ国際平和村のみなさん、いつも心配をかけている家族に感謝しつつ筆を置くことにしたい。


（ソマリアから帰還した日に　ケニア・ナイロビにて）

**西谷　文和**（にしたに・ふみかず）

1960年、京都市生まれ。立命館大学理工学部中退、大阪市立大学経済学部卒業。吹田市役所勤務を経て、現在フリージャーナリスト、イラクの子どもを救う会代表。

2006年度「平和協同ジャーナリスト大賞」を受賞。テレビ朝日「報道ステーション」、朝日放送「キャスト」、ラジオ関西「ばんばんのラジオでショー」、日本テレビ「ニュースevery」などで戦争の悲惨さを伝えている。

著書に、『戦火の子どもたちに学んだこと－アフガン、イラクから福島までの取材ノート』（かもがわ出版）『戦争のリアルと安保法制のウソ』（藤永延代と共著、日本機関紙出版センター）など。

「テロとの戦い」を疑え
　－紛争地からの最新情報

2017年4月5日　第1刷発行
著　者　© 西谷文和
発行者　竹村正治
発行所　株式会社かもがわ出版
〒602-8119　京都市上京区堀川通出水西入
TEL075-432-2868　FAX075-432-2869
振替 01010-5-12436
ホームページ http://www.kamogawa.co.jp
製　作　新日本プロセス株式会社
印刷所　シナノ書籍印刷株式会社

ISBN978-4-7803-0910-2　C0031